입체 프랑스자수
롤롤의 바느질 파티
마이홈

입체 프랑스자수
롤롤의 바느질 파티 마이홈

1판1쇄 2020년 3월 10일
1판2쇄 2020년 10월 5일

지은이 강현영
발행처 디자인소리(김수용) ok@dsori.com 서울 마포구 월드컵북로5가길 8-14
　　　　noovi(김순주) noovi_art@naver.com

ⓒ강현영, 2020
기획·편집·디자인 | 디자인소리, 누비
사진 | 강현영, 정소연, 디자인소리, 누비

ISBN_978-89-97613-17-5 13630

값 18,900원

입체 프랑스자수

롤롤의 바느질 파티 마이홈

designSORI & noovi

Prologue

일상에서 만나는

소소함을

자수로 표현하는 즐거움...

알록달록한 색실을 바늘에 끼워

뽀얀 원단에 그림을 그립니다.

주변에 피어있는 꽃을 담아보고

내가 살고 있는 주변도 꾸며봅니다.

그렇게 만나는

롤롤의 바느질파티 두번째 자수 책은

우리 일상의 이야기입니다.

롤롤 강현영

Contents

04_ Prologue

08_ 2018~2019

14_ Preparation

18_ 자수를 시작하기 전

  * 자수틀 작업
  * 캔버스 액자 완성

22_ Basic stitch

  * 아우트라인 스티치
  * 러닝 스티치
  * 레이지데이지 스티치
  * 프렌치너트 스티치
  * 스플릿 스티치
  * 체인 스티치

25_ My Garden

  29_ 불리온로즈 스티치
  30_ 바스킷 스티치
  31_ 우븐핏콧(실) 스티치
  32_ 모자 만들기
  34_ 스파이더웹로즈 스티치

37_ My Room

  41_ 레이지드로즈 스티치
  42_ 우븐핏콧(핀) 스티치
  43_ 캐스트온 스티치
  44_ 케이블체인 스티치
  46_ 레이지드스템 스티치
  47_ 헤링본 스티치
  48_ 휘프트러닝 스티치
  50_ 불리온 스티치
  51_ 스파이더웹 스티치
  52_ 드리즐플라워 스티치

55_ My Restaurant

  59_ 오버캐스트바 스티치
  60_ 카우치드트렐리스 스티치
  61_ 코럴 스티치
  62_ 링 스티치
  63_ 트위스트체인 스티치
  65_ 심지가 들어간 디테치드버튼홀
  66_ 터키러그 스티치
  67_ 레이지드버튼홀 스티치

69_ 렘블러로즈 스티치
70_ 레이지드컵 스티치
71_ 불리온로즈 스티치
72_ 비즈래핑 스티치

75_ My Bathroom

  79_ 태슬 스티치
  80_ 로제트체인 스티치
  81_ 페탈 스티치
  82_ 오픈스파이더웹 스티치
  84_ 오이스터 스티치
  85_ 휘프트헤링본 스티치
  86_ 루프트블랭킷 스티치

88_ Simple Making

  89_ 봄 스트링파우치
  90_ 커피 한 잔 티매트
  91_ 장미 파우치
  92_ 꽃과욕실 액자
  94_ 고양이산책 가방

96_ 1:1 도면

  96_ My Garden
  98_ My Room
  100_ My Restaurant
  102_ My Bathroom

Embroidery design in 2018~2019

2018

'사계절 자수 시리즈'

봄... 산책

여름... 비

가을... 길

겨울... 눈

사계절의 느낌을 자수로 수놓은 2018년 첫 시리즈 도안은

우리의 공간을 채워주는 행복한 선물이었습니다.

2019
'Tea 자수 시리즈'

봄... Blossom coffee
여름... Kalamanci
가을... Chamomile tea
겨울... Chocolatte

커피 속에 가득 피어난 봄과
깔라만시의 상큼한 여름,
가을 향 가득한 국화차와
마시멜로의 부드러움까지 더해진 초코라떼의 진한 따뜻함을
계절 꽃들과 함께 수놓았습니다.

in England

2018년 여름

너무나 가고 싶었던 영국왕립자수학교 수업에 참여하게 되었습니다.

자수를 하면서 부족했던 부분을 채우고,

전에 접하지 못했던 새로운 자수를 배울 수 있는

좋은 기회였습니다.

박물관에서 보는 서양자수의 멋과 다양한 자수를 직접 볼 수 있어 행복했습니다.

문화가 다른 곳은 소중한 추억과 경험이 되었고

배움과 여행은 자수를 하는 데

좋은 양분이 되었습니다.

이러한 만남이 좋은 인연이 되면서

많은 분들과 자수에 대한 교류의 폭을 넓혀가고 있습니다.

Preparation

바늘 needle

- 자수용 바늘은 다양합니다. 실의 굵기와 원단에 따라 알맞은 바늘을 사용합니다.
- 기본적인 바늘 호수는 3~9호를 사용합니다(숫자가 클수록 가는 바늘).
  3호는 6겹 정도를 사용하고, 9호는 2겹 정도를 사용합니다.
  실크쉐딩(아웃트라인필링, 롱앤숏)을 위해서는 10호도 사용합니다.
- 울사바늘은 구멍이 커서 두꺼운 실을 사용할 때 좋습니다.
- 커브스바늘은 C자로 굽어 있어 와이어 자수 뒷마무리에 편한 바늘입니다.
- 바늘귀와 실의 굵기가 맞지 않으면 바늘귀가 부러집니다.
- 바늘을 입에 물면 바늘에 녹이 슬어 검게 변합니다.

골무 thimble

- 골무는 바느질할 때 손가락이 찔리지 않게 하기 위해 사용합니다.
- 다양한 재질로 나와 있으니 용도에 맞게 사용하세요.

가위 scissors
- 가위는 바느질을 할 때 꼭 필요한 도구로
  앞이 뾰족한 것이 필요합니다.
- 원단용·종이용·바느질용으로 구별해서
  사용하는 것이 가위를 오래 사용하는 방법입니다.

먹지 carbon paper
- 먹지는 도안을 옮길 때 사용합니다.
- 흰바탕은 컬러나 검은색 모두 가능하지만 색이 있는 원단엔 눈에 띄는 색먹지를 사용합니다.

펜 pen
- 볼펜과 철필: 먹지에 도안을 그릴 때 보통 볼펜을 사용하기도 하고 끝이 뾰족한
  철필을 사용하기도 합니다. 끝이 뾰족해서 얇은선으로 깔끔하게 그려집니다.
- 수성펜: 파랑 펜으로 원단에 도안을 그리고 물을 뿌려주면 지워지는 펜입니다.
- 기화성펜: 도안선을 그리면 몇 분 뒤 사라지는 펜입니다.
- 열펜: 도안을 그리고 지울 때 드라이기나 다리미로 열을 가하면 지워지는 펜입니다.

(빨강·파랑·흰색)

실뜯개 seam ripper
수를 놓고 수정이 필요할 경우 뜯는 용도로
사용합니다.

수틀 embroidery frame

원단을 팽팽하게 끼워 자수를 놓을 때 사용합니다.
- 나무수틀: 사이즈가 다양해 도안 크기에 맞춰
  사용합니다.
- 플라스틱수틀: 원단과의 마찰 때문에 수틀에 천을
  감아 사용합니다
- 사각수틀: 큰 작품은 전체를 보며 수를 놓아야
  하므로 정사각·직사각 수틀을 이용합니다

리넨 linen

리넨은 수를 놓기위한 가장 좋은 원단입니다. 두께에 따라 용도를 정하여
사용합니다(숫자가 작을수록 두꺼운 원단). 4·5수,7수는 가방이나 파우치로
적합하고 10수, 20수는 테이블보·매트·작은 소품에 적당합니다.

면 cotton

면100%나 리넨60%, 면40% 혼용도 수놓기 좋은 원단입니다.

무명

목화에서 얻어진 면으로 톡톡하며 직조가 보이는 원단입니다.
기계무명도 잘 나와 있어 시장에서도 자주 볼 수 있습니다.
요즘은 폴리에스테르 섬유와 혼방하여 많이 사용됩니다.

원단시장에 가서 직접 만져 보고 용도에 맞게 구입합니다.
상인들께 여쭤봐도 잘 알려주니 다양한 원단을 사용해 보세요.

실 thread

DMC

일반적으로 많이 사용되는 면실로, 실이 가늘수록 숫자가 큽니다.

- 4번사, 5번사: 실크광택과 꼬임이 돋보이는 펄코튼사
- 에뜨왈사 : 기존실에 펄실을 섞어 반짝임이 있는 실
- 울사: 겨울에 사용하며 두꺼운 털실
- 12번사: 꼬임이 있는 실
- 25번사: 6겹으로 되어 있고 일반적으로 사용되는 자수실
- 복합사: 여러 색이 섞여 있어 단색보다 다양한 느낌을 표현할 때 사용하는 실

애플톤 Appletons

영국산 양모 울100%, 실의 강도가 좋아 잘 끊어지지 않고 볼륨감이 좋아 크루웰자수에 적합합니다.

덴마크실, 독일실

DMC 25번사보다 조금 굵은 실로 광택이 없고 약간 거친 느낌이며, 빈티지한 색 위주로 되어 있습니다.

자수를 시작하기 전

도안그리기

- 먹지
  - 원단 위에 먹지를 대고 그립니다.
  - 원단 색에 따라 먹지 색을 달리해서 사용합니다.
  - 유분이 있어서 조심히 그려야 합니다.
- 트레싱지
  - 도안 위에 대고 펜으로 그린 후에 다시 원단 위로 그려줍니다.
- 라이트박스
  - 라이트박스의 불빛을 이용하여 도안을 따라 수성펜 또는 열펜으로 그려줍니다.
- 수용성 부직포
  - 수용성 부직포 위에 도안을 옮기고 원단 위에 시침질한 후 수를 놓습니다.
  - 완성 후에 미지근한 온도의 흐르는 물에 녹여냅니다.

수틀 끼우기

- 도안이 그려진 원단을 수틀에 끼우기 전에 티슈나 다른 원단을 사이에 끼우고 수틀을 끼워줍니다.
- 수놓을 부분만 비워놓고 수틀을 고정합니다.
- 손의 기름때가 묻을 수 있으니 위와 같은 방법을 사용합니다.

자수 끝내고 세탁하기

- 천연비누나 세제를 넣은 미지근한 물에 수놓은 원단을 담가줍니다.
- 살살 비며 세탁을 한 후에 찬물에 헹굽니다.
- 타월 위에 올려두거나 다리미로 다려 말립니다.

* 스티치 표기 원칙

- 대부분 영문명인 스티치 이름을 한글로 표기할 때는 붙여쓰기를 원칙으로 하였습니다.

  예: Spider web rose 스파이더웹로즈

Embroidery frame

수틀을 사용하면 천을 팽팽하게 만들어 좀 더 편하게 자수를 할 수 있습니다.

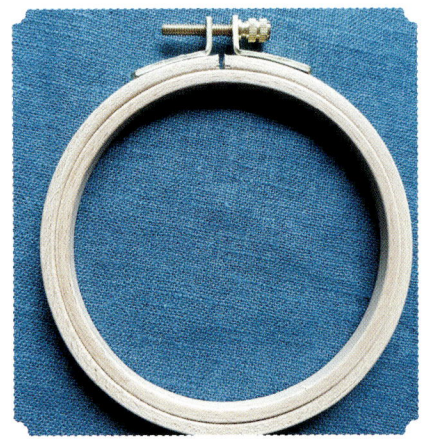

01 _ 원단과 수틀을 준비합니다.

02 _ 수틀의 나사를 풀어 두 개로 분리합니다.

03 _ 작은 틀은 원단 아래로, 큰 수틀은 원단 위로 둡니다.

04 _ 수틀을 눌러 끼워줍니다.

05 _ 나사를 조여줍니다.

06 _ 손으로 살짝 눌러 팽팽한지 확인한 후 사용합니다.

롤롤쌤의 TIP

수틀을 껴 둔 채로 놔두면 원단에 주름이 생기니 작업이 끝나면 꼭 빼놓은 후, 다음 작업 때 다시 끼워 사용합니다.

Making frame

완성된 자수는 캔버스 액자 틀에 덮어 마무리하세요.

※ 설명을 위해 검정 실을 사용했습니다. 실제 작업할 때는 천 색에 맞는 실을 사용하세요.

01 _ 완성될 모양으로 모서리를 접고 임시로 고 정합니다.

02 _ 실을 여유 있게 바늘에 꽂은 후 가능한 촘촘 하게, 당기듯이 좌우로 바느질해줍니다.

03 _ 좌우 바느질이 끝나면 같은 방법으로 위아 래로 바느질합니다.

04 _ 모서리 천의 바깥쪽부터 바느질을 시작합니 다.(공그르기)

05 _ 최대한 모서리가 깔끔하게 마감될 수 있도 록 당기면서 바느질합니다.

06 _ 마무리한 후에는 부직포로 덮어 마감해도 좋습니다.

롤롤쌤의
TIP

액자 틀로 완성하기 위해서는 처음부터 액자 틀을 완전히 감쌀 수
있을 정도의 천으로 여유 있게 작업해야 합니다.
완성된 자수의 크기를 고려하여 적당한 캔버스 액자 틀을 준비합니다.
나무틀에 흰색 천이 씌어 있는 액자 틀을 사용합니다.

Basic stitch

본격적인 자수에 앞서 기초과정에서 익혔던 몇 가지 핵심 기초 스티치를 다시 한 번 살펴보세요.

Outline stitch
아우트라인 스티치

 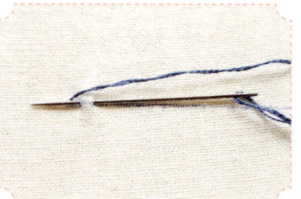  

01 _ 바늘을 올립니다.

02 _ 5mm 정도에 바늘을 꽂고 땀의 반 크기에 올려줍니다.

03 _ 한 땀 크기에 꽂아줍니다.

04 _ 다시 땀의 반 크기에 올리며 반복합니다.

Running stitch
러닝 스티치

 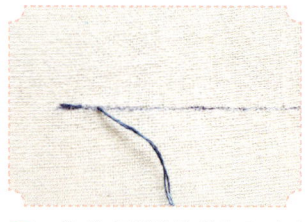 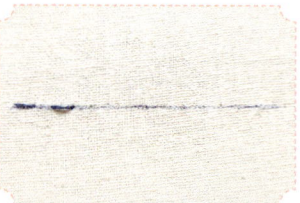 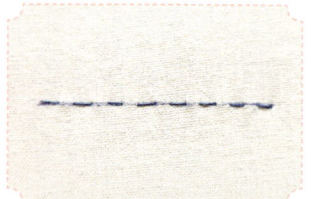

01 _ 도안선 위로 바늘을 올리고 한 땀 크기에 꽂습니다.

02 _ 한 땀 크기만큼 앞으로 나가 다시 바늘을 올립니다.

03 _ 앞으로 한 땀 크기만큼 다시 꽂습니다.

04 _ 반복해서 완성합니다.

Lazy-daisy stitch
레이지데이지 스티치

   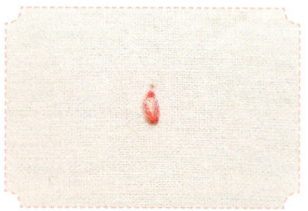

01 _ 바늘을 올립니다.

02 _ 바늘을 위로 한 땀 뜨고 실을 감아줍니다.

03 _ 다시 위로 빼줍니다.

04 _ 고리 너머로 꽂아 완성합니다.

French knot stitch
프렌치너트 스티치

 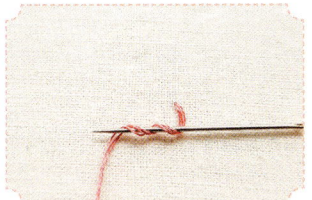  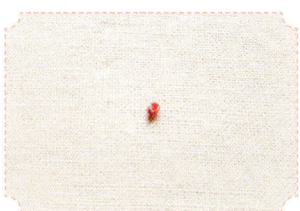

01 _ 바늘을 올립니다.

02 _ 바늘에 실을 2회 감아줍니다.

03 _ 바늘 올린 자리 근처에 실을 당긴 후 꽂아줍니다.

04 _ 동그란 모양으로 완성됩니다.

Split stitch
스플릿 스티치

 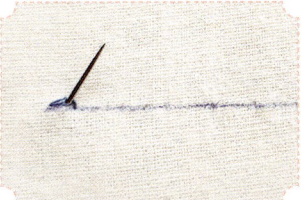 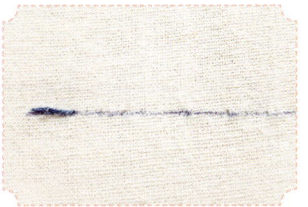 

01 _ 한 땀을 만들어줍니다.

02 _ 실 사이로 바늘을 올립니다.

03 _ 한 땀 길이에 꽂아줍니다.

04 _ 같은 방법으로 반복하여 완성 합니다.

Chain stitch
체인 스티치

 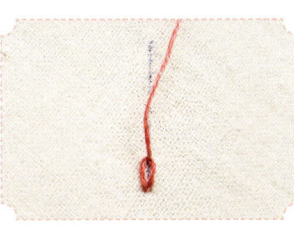  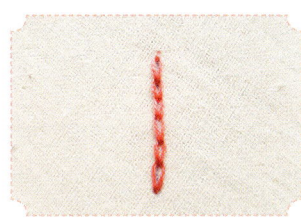

01 _ 바늘을 올린 후 실을 위로 두 고 바늘 땀을 떠서 실을 걸어줍니다.

02 _ 걸린 실 고리 위로 바늘을 빼 줍니다.

03 _ 다시 고리를 만들어줍니다.

04 _ 반복해서 연결고리를 만듭니다.

My Garden

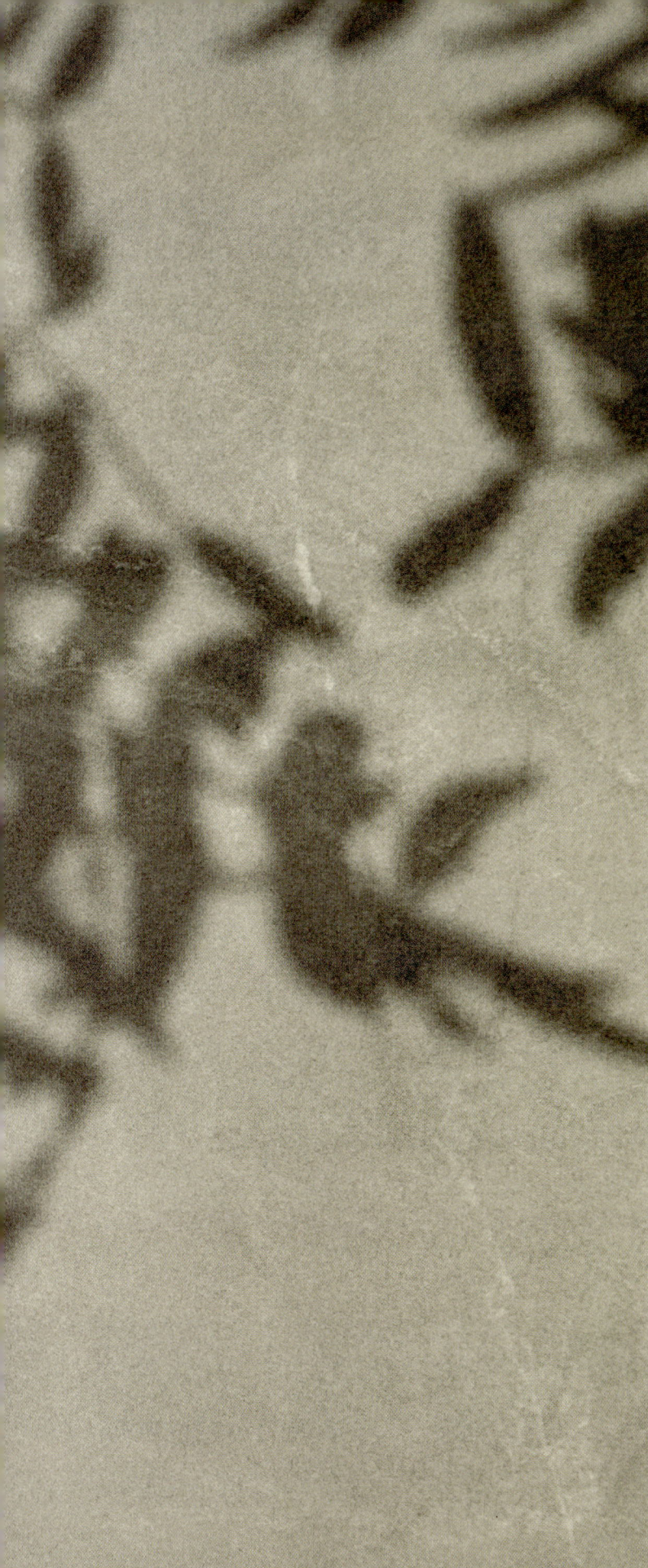

My Garden

210x260mm / 원단_리넨20수

DMC
32
33
316
318
351
352
415
422
436
437
471
581
725
738
758
775
817
818
840
904
927
962
993
3012
3022
3031
3051
3348
3371
3688
3713
3768
3770
3771
3773
ECRU
White

Anchor
69
213
214

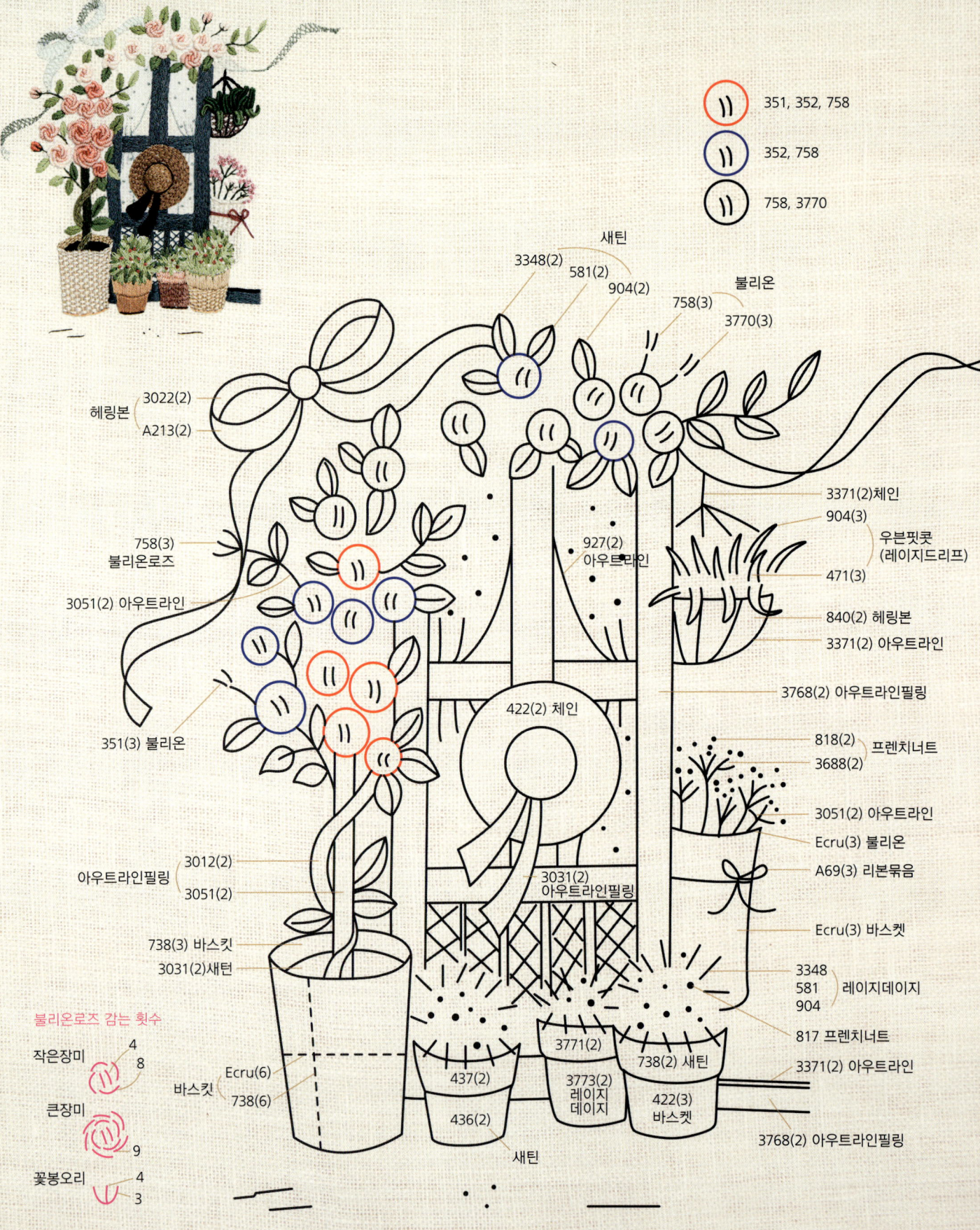

351, 352, 758

352, 758

758, 3770

새틴
3348(2)
581(2)
904(2)
758(3)
불리온
3770(3)

헤링본 { 3022(2)
A213(2)

3371(2)체인
904(3)
우븐핏콧
(레이지드리프)
471(3)

758(3)
불리온로즈

927(2)
아우트라인

840(2) 헤링본
3371(2) 아우트라인

3051(2) 아우트라인

3768(2) 아우트라인필링

422(2) 체인

818(2)
3688(2) } 프렌치너트

3051(2) 아우트라인
Ecru(3) 불리온

351(3) 불리온

A69(3) 리본묶음

Ecru(3) 바스켓

아우트라인필링 { 3012(2)
3051(2)

3031(2)
아우트라인필링

3348
581
904 } 레이지데이지

738(3) 바스킷
3031(2)새틴

817 프렌치너트

3371(2) 아우트라인

3771(2)

738(2) 새틴

불리온로즈 감는 횟수

작은장미 { 4
8

Ecru(6)
바스킷
738(6)

437(2)

436(2)

3773(2)
레이지
데이지

422(3)
바스켓

3768(2) 아우트라인필링

큰장미 9

꽃봉오리 { 4
3

새틴

Bullion rose
불리온로즈

장미를 표현하는 방법으로 많이 사용됩니다. 안은 진한 색, 밝은 연한 색을 사용합니다.

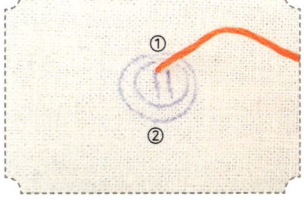
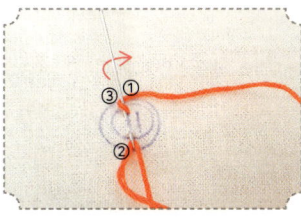
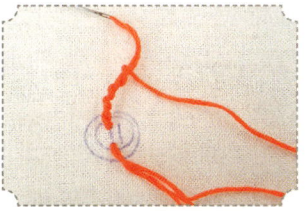
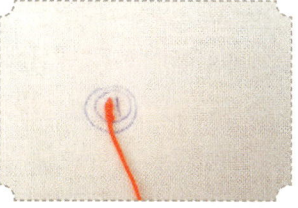

01 _ 중심의 세로선 ①에서 바늘을 뺍니다.

02 _ ②로 꽂아 ③으로 바늘을 뺀 후 화살표 방향으로 4회 감아줍니다.

03 _ ③의 바늘을 완전히 뺀 후

04 _ 앞쪽으로 당기며 매끈하게 정리합니다.

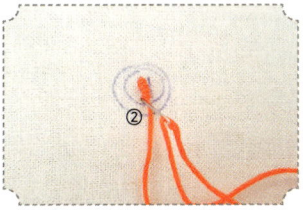
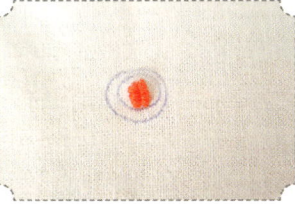
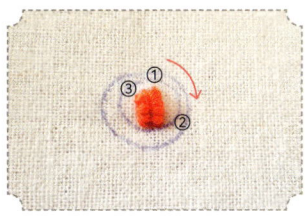
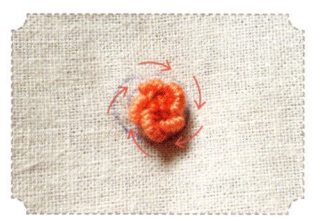

05 _ ②의 같은 자리에 꽂아 꽃잎을 1개 완성합니다.

06 _ 같은 방법으로 2개를 나란히 해서 진한색 부분을 완성합니다.

07 _ 겉의 꽃 부분은 테두리 ①로 올려 ②로 꽂아 ③으로 바늘을 걸쳐서 8회 감아줍니다.

08 _ 7과 같은 방법으로 테두리 꽃잎 5개를 만들어줍니다.

롤롤쌤의 TIP

불리온을 정리할 때 너무 당기면 불리온 모양이 얇아집니다.
통통한 모양이 될 수 있게 힘 조절이 필요합니다.

Basket
바스킷

세로선과 가로선을 이용하여 바구니 모양을 만듭니다.

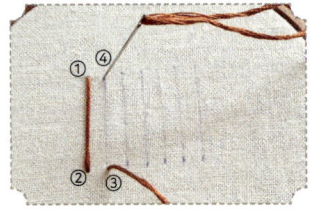

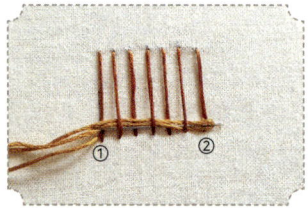

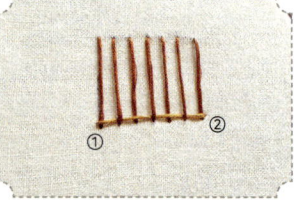

01 _ ①에서 ②로 바늘을 꽂아 세로
선을 만듭니다.

02 _ ③에서 ④로 꽂아 세로선을 반
복하여 완성합니다.

03 _ 가로선 ①에서 ②로 선과 선
사이를 위아래로 지나갑니다.

04 _ ②로 꽂아 한 줄 완성합니다.

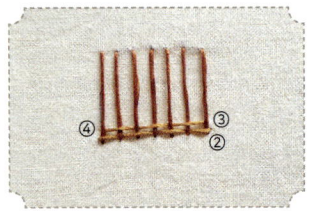

05 _ ② 위 ③으로 바늘을 올려 아래
선과 반대로 위아래로 지나갑니다.

TIP

가로선은 촘촘히 해서 실 사이의 원단이 보이지 않게 합니다.

Woven picot
우븐핏콧(실)

레이지드리프와 같은 스티치입니다. 아래에서 위로 진행되며 꽃이나 잎을 표현할 때 사용됩니다.

01 _ ①로 바늘을 올립니다.

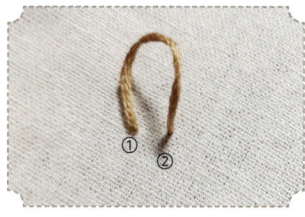

02 _ ②로 꽂으며 고리를 만듭니다.

03 _ 고리를 다른 실로 걸어 손으로 잡고 ③으로 바늘을 올립니다.

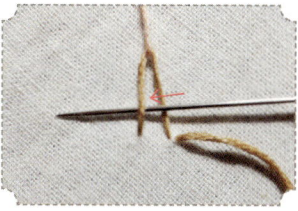

04 _ 화살표 방향으로 바늘을 넣어 왼쪽으로 뺍니다.

05 _ 한 단이 완성됩니다.

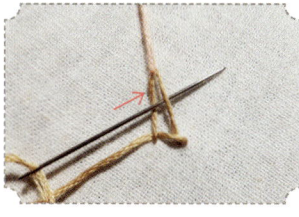

06 _ 다음 단은 처음 단과 반대로 바늘을 뺍니다.

07 _ 처음 단과 다음 단이 위아래가 교차되면서 쌓입니다.

08 _ 같은 방법으로 오른쪽, 왼쪽을 번갈아 해줍니다. 고리 맨 위까지 완성합니다.

09 _ 걸었던 실을 빼고 ④로 바늘을 넣어 마무리합니다.

콜콜쌤의 TIP

촘촘하게 쌓일 수 있도록 빈 공간 없이 실을 교차시킵니다.

Making hat

모자 만들기

머리 부분을 따로 원단에 수놓아 감침질로 고정하여 입체감 있는 모자를 만듭니다.

01 _ 작은 원단에 동그라미를 그립니다. (머리 부분)

02 _ 테두리부터 체인을 해줍니다.

03 _ 안쪽까지 채워나갑니다.

04 _ 뒷면에서 채워진 원보다 7mm 정도 크게 선을 그려 가위로 잘라준 후 가운데를 홈질합니다.

05 _ 홈질한 실을 원단을 모으며 당겨줍니다.

06 _ 소복한 모양으로 만들어 도안 위에 놓고 감침질로 고정합니다.

07 _ 챙 부분은 테두리부터 체인으로 수놓습니다.

롱롱쌤의 TIP

체인을 촘촘히 해서 틈이 벌어지지 않게 합니다.
머리 부분을 고정할 때 볼록하게 모양을 잡으며 감침질합니다.

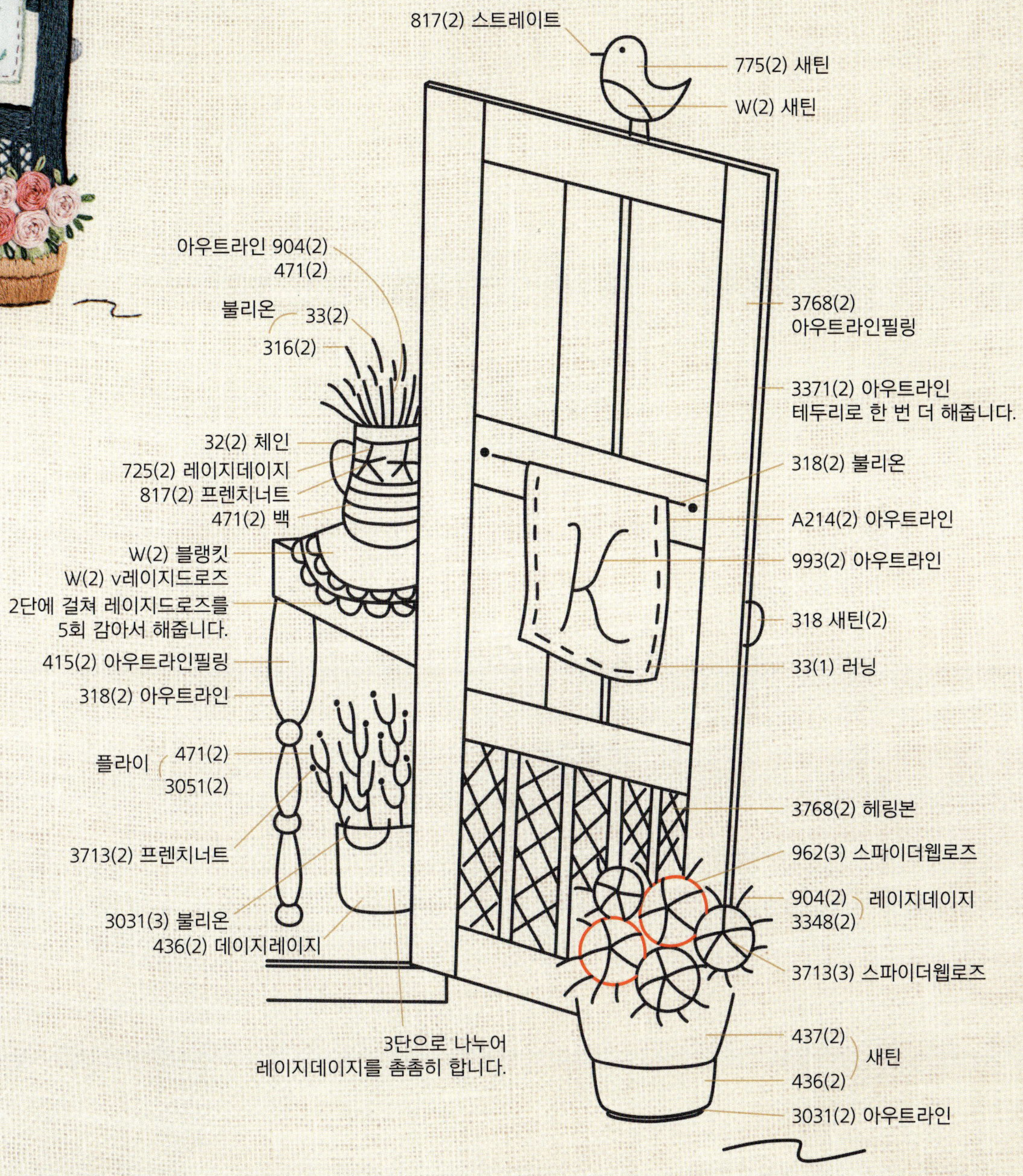

817(2) 스트레이트

775(2) 새틴

W(2) 새틴

아우트라인 904(2)
471(2)

불리온 33(2)

316(2)

3768(2)
아우트라인필링

3371(2) 아우트라인
테두리로 한 번 더 해줍니다.

318(2) 불리온

A214(2) 아우트라인

993(2) 아우트라인

318 새틴(2)

33(1) 러닝

32(2) 체인
725(2) 레이지데이지
817(2) 프렌치너트
471(2) 백

W(2) 블랭킷
W(2) v레이지드로즈
2단에 걸쳐 레이지드로즈를
5회 감아서 해줍니다.
415(2) 아우트라인필링
318(2) 아우트라인

플라이 471(2)
3051(2)

3713(2) 프렌치너트

3031(3) 불리온
436(2) 데이지레이지

3768(2) 헤링본

962(3) 스파이더웹로즈

904(2) 레이지데이지
3348(2)

3713(3) 스파이더웹로즈

437(2) 새틴
436(2)

3031(2) 아우트라인

3단으로 나누어
레이지데이지를 촘촘히 합니다.

※ 커튼 → 면레이스를 이용합니다.

홈질   당겨서 주름을 만듭니다.   중간을 홈질하여 원단에 붙입니다.

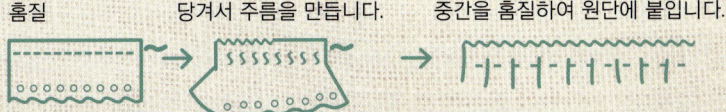

Spider web rose
스파이더웹로즈

길이가 같게 홀수선을 수놓고 6겹 또는 3겹의 실로 선을 위아래로 감아서 만드는 장미꽃입니다.

01 _ 원 안에 선 5개를 그립니다.

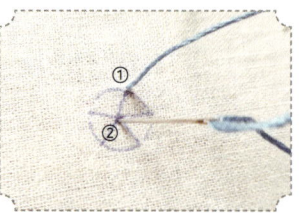

02 _ 바깥 선 ①에서 가운데 ②로 바늘을 꽂습니다.

03 _ 직선을 만듭니다.

04 _ 같은 방법으로 5개를 만듭니다.

05 _ 선과 선 사이로 바늘을 올립니다.

06 _ 바늘귀를 이용하여 실 위, 실 아래로 교차하며 지나갑니다.

07 _ 중심에서 테두리쪽으로 돌리며 감아줍니다.

08 _ 너무 당기지 말고 볼륨을 유지합니다.

09 _ 선이 끝나는 부분까지 감아줍니다.

10 _ 안쪽으로 바늘을 넣어 완성합니다.

롤롤샘의 TIP

바늘귀를 이용하면 실 사이에 끼지 않고 바늘을 움직일 수 있습니다.
힘을 주고 당겨 감으면 넓어지지 않고,
너무 느슨하면 헐렁한 모양이 되니 자연스럽게 감아줍니다.

Note

아름다운 꽃이 피어있는 정원입니다.
제일 먼저 수를 놓을 곳은 아웃트라인필링 같은 면채움 스티치입니다.
그 다음 꽃 수를 놓아 입체감을 줍니다.

불리온로즈

가장 안쪽의 불리온은 바늘에 실을 4번 감아 직선 모양을 만듭니다. (진한 색)

테두리는 8회를 감아 곡선의 불리온 모양 5개를 완성합니다. (중간 색)

마지막 테두리는 9회씩 감아서 완성합니다. (연한 색)

우븐핏콧
(레이지드리프(실 이용))

꽃이나 잎으로 사용되는 이 스티치는 3겹과 6겹을 주로 사용합니다.

가든에서는 3겹을 이용하여 가늘고 긴 느낌의 잎을 만듭니다.

스티치 완성 후 실의 끝은 총길이의 1/3 안쪽에 꽂아 볼륨감을 줍니다.

리본 묶기

화분이 완성되면 그 위에 리본을 묶어 꾸며줍니다.

매듭 없이 실을 끼워 화살표를 따라 넣었다 빼줍니다.

양 끝을 잡고 리본 모양으로 묶어줍니다.

모자 만들기

따로 만든 모자 윗 부분을 챙 가운데로 올려 두고 빈틈이 보이지 않게 감침질로 바느질합니다.

모양을 볼록하게 만들며 완성합니다.

테두리에 리본을 묶어 모양을 내줍니다.

My Room

My Room

210x260mm / 원단_리넨20수

DMC
225
333
342
352
422
452
524
581
677
725
762
780
817
819
840
904
926
927
3012
3031
3033
3041
3051
3052
3078
3328
3348
3350
3354
3768
3822
3860
3882
Black
White

Anchor
215
280
1034

352

353

3328

422(2)
아우트라인필링

3031(3)
케이블체인

3033(2)
아우트라인필링

A215 새틴

725(2)
아우트라인필링

3078(2)
아우트라인필링

3860(2)
블랭킷

3348(2)
플라이리프

904(2)
새틴

3033(2)
아우트라인필링

3860(2)
백·아우트라인

3768(2)
백·아우트라인

353, 819(3)
우븐핏콧

3033(2) 새틴
926(2) 새틴

352, 353(3)
레이지드로즈

W(2) 레이지데이지

3078
새틴(2)

3860(2) 새틴

3860(2) 아우트라인

3348, 581(2)
레이지데이지(잎)

3051(2) 아우트라인

레이지데이지

캐스트온

3860(2) 아우트라인

3350(3) 우븐핏콧

904(2) 새틴

725(2) 프렌치너트

3078(3) 스파이더웹로즈

3041(6)
드리즐

904(2) 새틴
A215(백)

3768(2)
아우트라인필링

762(3) 태슬

762(2)
아우트라인

524(2)
플라이리프

3354(2) 롱&숏

225(2) 롱&숏

926(2)
아우트라인필링

3768(2)
아우트라인필링

3350(2) 새틴, 프렌치너트(테두리)

Raised rose
레이지드로즈

직선에 고리를 걸어 꽃잎을 만들고, 꽃잎을 여러 번 겹쳐가며 장미를 표현할 수 있습니다.

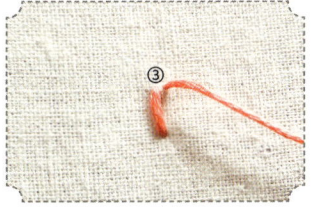

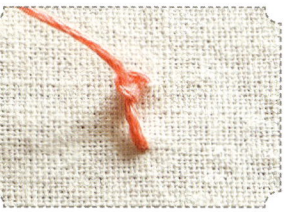

01 _ ①에서 바늘을 올려 ②, ③으로 꽂아줍니다.

02 _ ③으로 바늘을 뺍니다.

03 _ 실을 왼쪽에 두고 바늘을 왼쪽으로 통과시켜 뺍니다.

04 _ 통과시킨 후 살짝 당겨주어 고리를 만듭니다.

05 _ 고리 5개를 만든 후 ②에 고정합니다.

06 _ 안쪽에 레이지드로즈 진한 색 2개, 바깥쪽에 연한 색 5개를 만들어 장미를 완성합니다.

롤롤쌤의 TIP

①~② 길이에 맞게 고리 수를 정합니다.

Woven picot

우브핏콧(핀)

레이지드리프와 같은 스티치로, 천에 핀을 꽂고 작업하여 아래쪽에 고정하는 입체 스티치입니다.

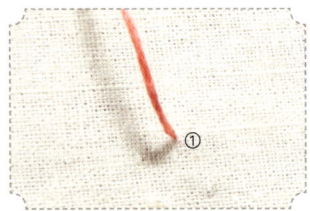

01 _ ①로 실을 뺍니다.

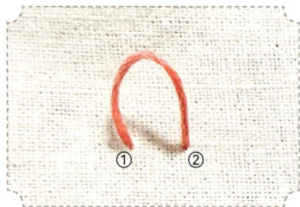

02 _ ②로 꽂아 고리를 만듭니다.

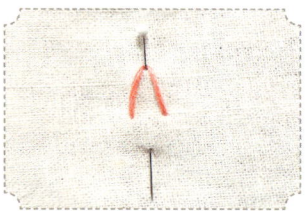

03 _ 고리 가운데에 핀을 꽂아줍니다.

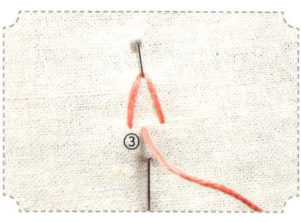

04 _ ③으로 바늘을 올립니다.

05 _ ③의 실을 핀 뒤로 보내 오른쪽으로 둡니다.

06 _ 맨 오른쪽 실 아래로 바늘을 통과시키고 가운데를 지나 왼쪽 실 아래로 뺍니다.

07 _ 왼쪽 실 위로, 가운데 실 아래로 뺍니다.

08 _ 같은 방법으로 왔다 갔다 하며 아래쪽으로 채워줍니다.

09 _ 핀을 빼고 완성합니다.

TIP

길이 조절, 넓이 조절이 가능합니다.
위에서 아래로 완성합니다.

Cast on

캐스트온

바늘에 여러 개의 고리를 만들어 꽃잎을 완성합니다.

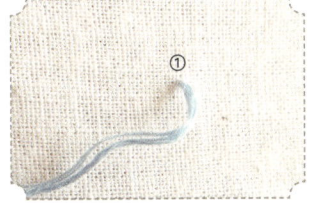

01 _ ①로 바늘을 올립니다.

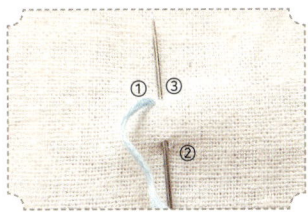

02 _ ②, ③으로 바늘을 걸쳐둡니다.

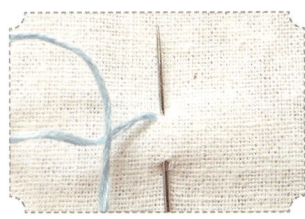

03 _ 그림과 같이 실을 꼬아놓습니다.

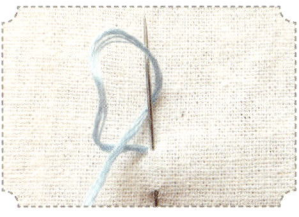

04 _ 바늘에 걸어줍니다.

05 _ 고리가 하나 완성됩니다.

06 _ 같은 방법으로 5개의 고리를 만듭니다.

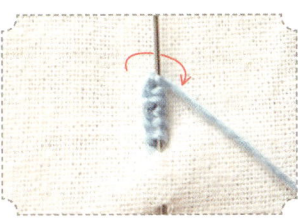

07 _ 실을 바늘 뒤로 돌려 감습니다.

08 _ 바늘을 위로 뺍니다.

9 _ 실을 아래로 내려 ②에 꽂아줍니다.

10 _ 모양을 고르게 정리합니다.

롱롱샘의 TIP

[고리를 5개 만든 후 바늘 뒤로 돌려 감아야 완성 시 모양이 꼬이지 않습니다.]

Cable chain
케이블체인

둥근 고리와 직선으로 만든 사슬 모양 체인입니다.

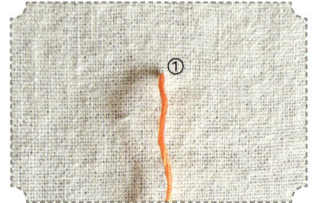

01 _ ①로 바늘을 올립니다.

02 _ 실 아래로 바늘을 대고 감아준 후 도안선 ②에 꽂아줍니다.

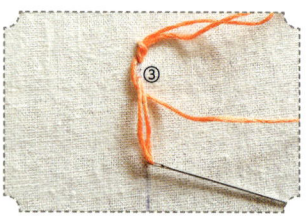

03 _ ②에 꽂은 후 도안선 아래 ③ 으로 한 땀을 뜹니다.

04 _ 바늘을 빼면 직선과 동그라미 가 만들어집니다.

05 _ 반복으로 선을 만듭니다.

롤롤쌤의 TIP

타원 모양과 원 모양을 조절할 수 있습니다.

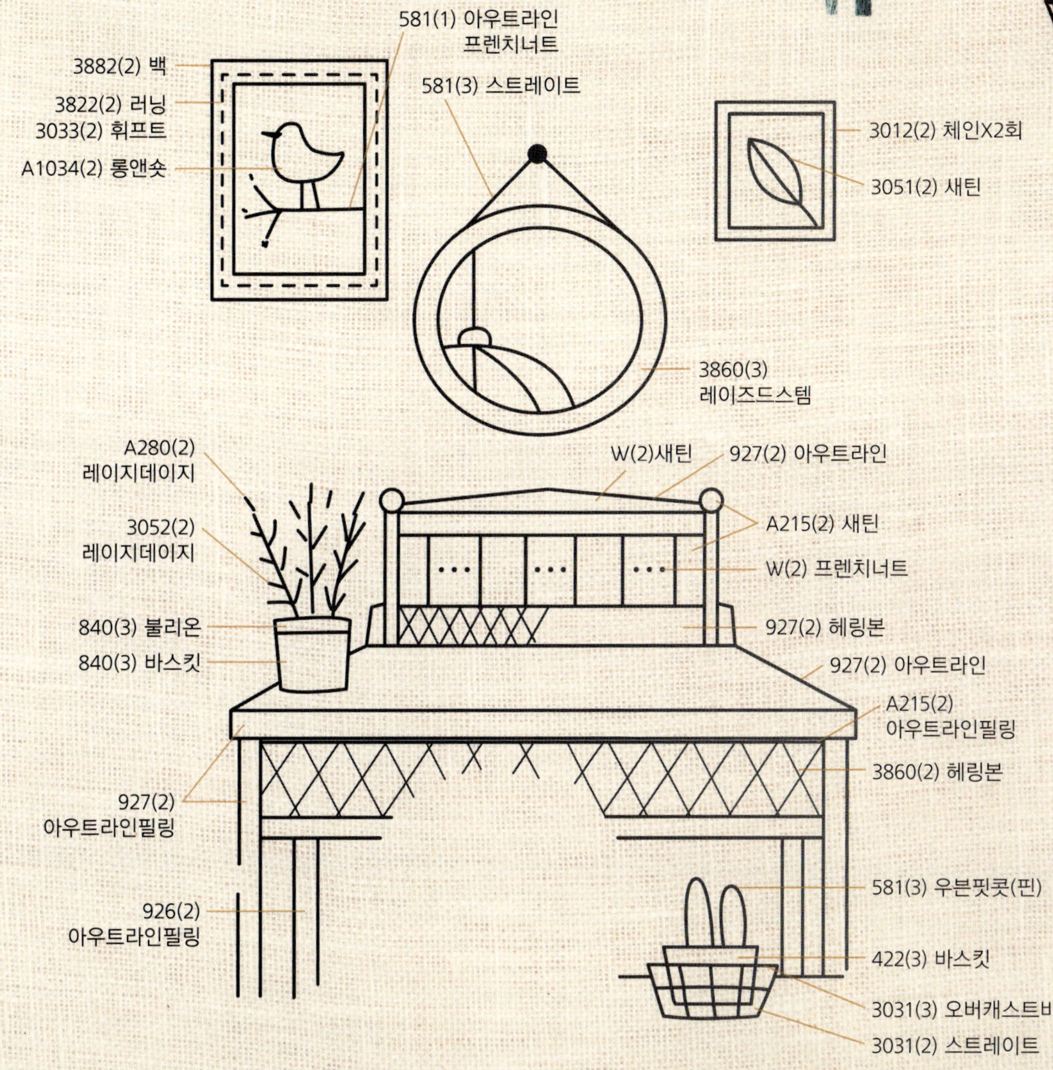

581(1) 아웃라인
프렌치너트

581(3) 스트레이트

3882(2) 백

3822(2) 러닝
3033(2) 휘프트

A1034(2) 롱앤숏

3012(2) 체인X2회

3051(2) 새틴

3860(3)
레이즈드스템

A280(2)
레이지데이지

3052(2)
레이지데이지

W(2)새틴   927(2) 아웃라인

A215(2) 새틴

W(2) 프렌치너트

840(3) 불리온

840(3) 바스킷

927(2) 헤링본

927(2) 아웃라인

A215(2)
아웃라인필링

3860(2) 헤링본

927(2)
아웃라인필링

926(2)
아웃라인필링

581(3) 우븐핏콧(핀)

422(3) 바스킷

3031(3) 오버캐스트바

3031(2) 스트레이트

Raised stem
레이지드스템

선을 나열하고 한 줄씩 촘촘히 감는 것처럼 엮어가는 스티치입니다.

01 _ 가로선을 평행하게 스티치합니다.

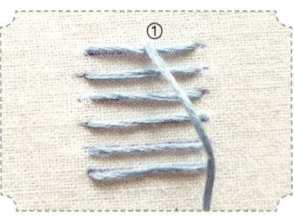

02 _ 선의 정가운데 ①로 바늘을 올립니다.

03 _ 바늘을 첫번째 줄 아래에서 위로 감아 지나갑니다.

04 _ 두번째 줄도 같은 방향(왼쪽)에서 아래에서 위로 감아 지나갑니다.

05 _ ②에 넣어 한 줄 완성합니다.

06 _ 다시 ③으로 올려 같은 방법으로 진행합니다.

07 _ 두 줄이 완성된 모양

08 _ 계속 하여 면을 채우듯이 완성합니다.

롱롱쌤의 TIP

선을 이용하여 스템 스티치로 면을 채웁니다.

46

Herringbone

헤링본

실을 사선으로 수놓아 (위아래로 번갈아가며) 새발뜨기 모양으로 만듭니다.

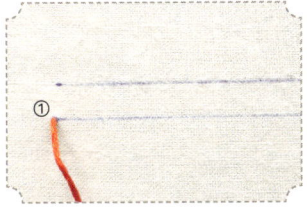

01 _ ①로 바늘을 올립니다.

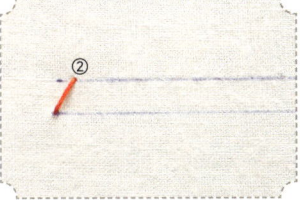

02 _ 사선이 되게 ②로 꽂습니다.

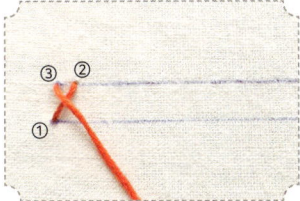

03 _ ③으로 바늘을 올립니다.

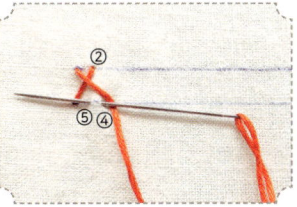

04 _ ④는 ②보다 조금 오른쪽 아래로 꽂고 ⑤를 안쪽에서 올립니다.

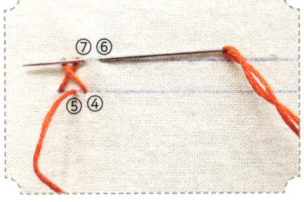

05 _ ⑥으로 바늘을 꽂고 ⑦로 올립니다.

06 _ 같은 방법으로 X 모양이 되게 수놓습니다.

롤롤쌤의 TIP

X선의 기울기를 생각하며 수놓습니다.

Whipped running

휘프트러닝

일정한 간격을 두고 러닝 스티치를 한 후 다른 색 실로 러닝 스티치를 한 방향으로 감아줍니다.

01 _ 일정한 간격으로 러닝 스티치를 해 둡니다.

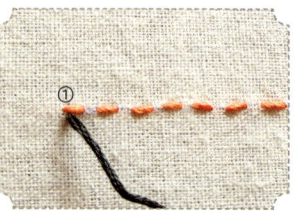

02 _ ①로 바늘을 올립니다.

03 _ ①의 옆 첫번째 땀 위에서 아래로 바늘을 통과시킵니다.

04 _ 감긴 모양이 됩니다.

05 _ 같은 방법으로 계속 진행합니다.

06 _ 끝까지 통과시켜 감아줍니다.

07 _ ②에 꽂아 완성합니다.

롤롤쌤의 TIP
러닝스티치에 여유분 없이 감기듯 감습니다.

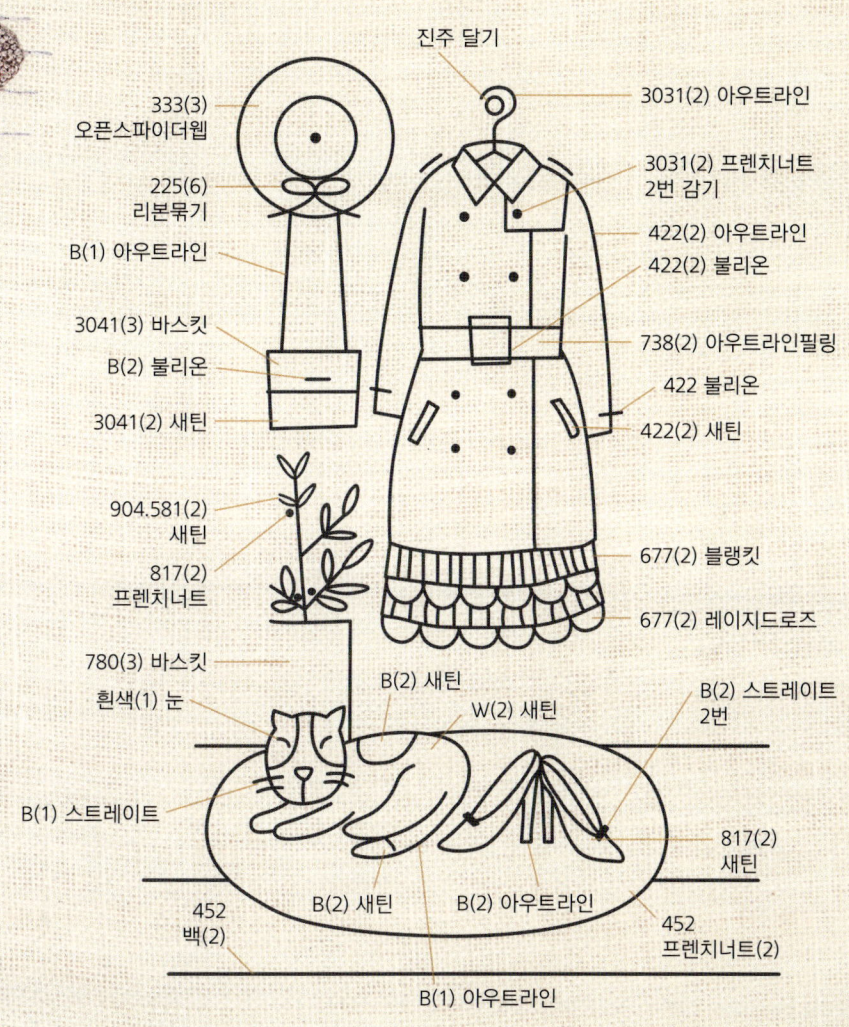

진주 달기

333(3)
오픈스파이더웹

225(6)
리본묶기

B(1) 아우트라인

3041(3) 바스킷

B(2) 불리온

3041(2) 새틴

904.581(2)
새틴

817(2)
프렌치너트

780(3) 바스킷

흰색(1) 눈

B(1) 스트레이트

3031(2) 아우트라인

3031(2) 프렌치너트
2번 감기

422(2) 아우트라인

422(2) 불리온

738(2) 아우트라인필링

422 불리온

422(2) 새틴

677(2) 블랭킷

677(2) 레이지드로즈

B(2) 새틴

W(2) 새틴

B(2) 스트레이트
2번

817(2)
새틴

B(2) 새틴

B(2) 아우트라인

452
프렌치너트(2)

452
백(2)

B(1) 아우트라인

Bullion
불리온

바늘에 실을 감아 만들어지는 모양으로, 실의 겹수나 횟수에 따라 모양이 달라집니다.

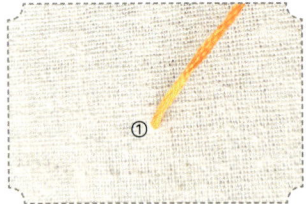

01 _ ①로 바늘을 올립니다.

02 _ ②에서 ③으로 바늘을 걸쳐둡니다.

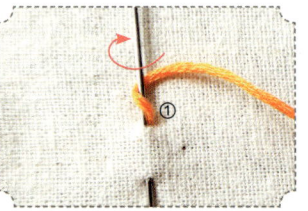

03 _ ①로 올라온 실로 바늘을 감습니다.

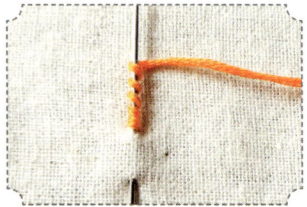

04 _ 4회 정도 감습니다.

05 _ 위로 바늘을 당기며 뺍니다.

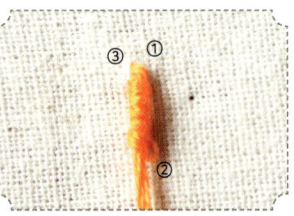

06 _ ②로 바늘을 내리며 감은 고리를 고르게 정리합니다.

07 _ 바늘을 ②로 꽂아 완성합니다.

롤롤쌤의 TIP
①~②의 길이와 감은 길이가 비슷해야 일자 모양의 불리온이 완성됩니다.

Spider web
스파이더웹

같은 길이의 직선을 만든 후 중심에서부터 한 줄씩 감아서 테두리까지 완성합니다.

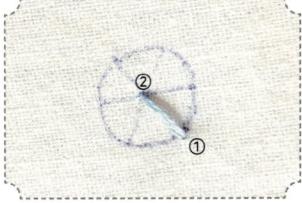

01 _ ①에서 바늘을 올려 ②로 꽂습니다.

02 _ 같은 방법으로 6개의 선을 만듭니다.

03 _ 선과 선 사이 ③으로 바늘을 올립니다.

04 _ 감겨 올린 실을 중심으로 오른쪽 선에서 왼쪽 선으로 바늘을 같이 통과시킵니다.

05 _ 오른쪽 선에 한 번 감깁니다.

06 _ 다시 실을 가운데로 내리고 오른쪽 선에서 왼쪽 선으로 같이 통과합니다.

07 _ 두번째 선이 감깁니다.

08 _ 같은 방법으로 반복하여 테두리 선 끝까지 감아줍니다.

09 _ 테두리 선 사이로 바늘을 넣어 마무리합니다.

롤롤쌤의 TIP

감긴 선의 굵기가 일정해야 합니다.
모자의 챙 부분은 p.82 오픈스파이더웹을,
모자 만들기는 p.32을 참고하세요.

Drizzle flower
드리즐플라워

길게 세워진 모양의 꽃술을 표현할 수 있습니다.

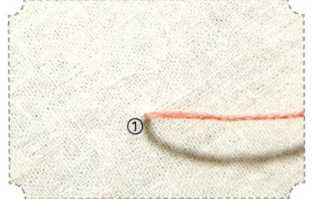

01 _ ①로 바늘을 올리고 바늘을
실에서 뺍니다.

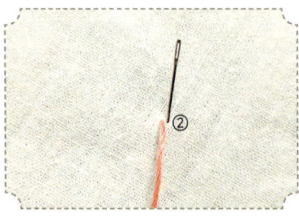

02 _ ① 옆 ②로, 바늘을 위에서 아래
로 반정도 꽂아둡니다.

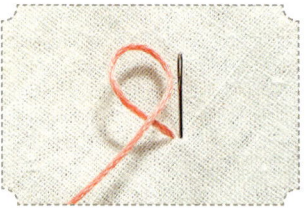

03 _ 오른손으로 원단 아래의 바늘
을 잡고 왼손으로 고리를 만듭니다.

04 _ 고리를 바늘에 겁니다.

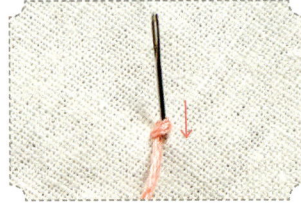

05 _ 고리를 당겨 하나를 만듭니다.

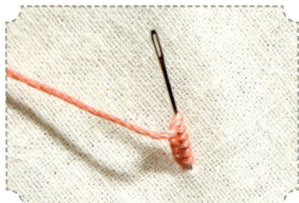

06 _ 총 6개를 만듭니다.

07 _ 실을 바늘귀에 끼워서 아래로
바늘을 뺍니다.

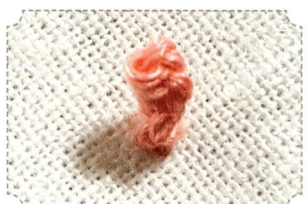

08 _ 힘있게 세워서 마무리합니다.

롱쌤의 TIP

완성 후 너무 당기지 않아야 힘 있게 세워집니다.

Note

아기자기하게 꾸며지는 나의 방은

창문, 테이블, 책상 순서대로 평면적인 스티치들을 먼저 수놓고

화병의 꽃과 같은 입체스티치들은 서로 실에 걸리지 않게 조심히 수를 놓습니다.

테이블보

기본적인 모양은 레이지데이지입니다.

X가 연결된 모양으로 반복하며 수놓습니다.

테이블 윗 부분과 아래로 쳐지는 부분을 이어지게 연결하는 것이 중요합니다.

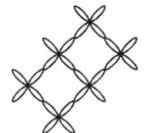

전등

전등 줄은 길게 늘어지는 모양을 만들기 위해 케이블체인으로 수놓습니다.

원과 직선으로 되어 있는 스티치를 조금 긴 타원으로 표현합니다.

전등 갓은 롱앤숏 스티치를 사용하여 꼼꼼히 채웁니다.

테두리는 1겹 아웃트라인으로 구분해줍니다.

꽃과 화병

꽃다발 속의 꽃은 평면적인 모양부터 수놓습니다.

레이지드리프, 레지드로즈 같은 입체 꽃을 수놓고 빈 공간 사이사이에

드리즐플라워를 넣어 완성합니다.

입체 스티치를 수놓을 때는 다른 스티치에 바늘이 걸리지 않게 조심합니다.

고양이와 매트

고양이의 몸통과 얼굴은 롱앤숏으로 채워주고

테두리는 1겹 아웃트라인으로 수를 놓아 완성합니다.

매트 부분은 너무 굵지 않게 2겹 프렌치너트를 수놓아 매트의 결을 표현합니다.

My Restaurant

My Restaurant

210x260mm / 원단_리넨20수

DMC
15
19
28
29
32
211
225
352
415
422
581
725
775
780
801
817
818
904
905
926
945
962
3022
3033
3047
3051
3078
3346
3348
3350
3712
3723
3740
3756
3768
3817
3882
3888
Black
White
Ecru

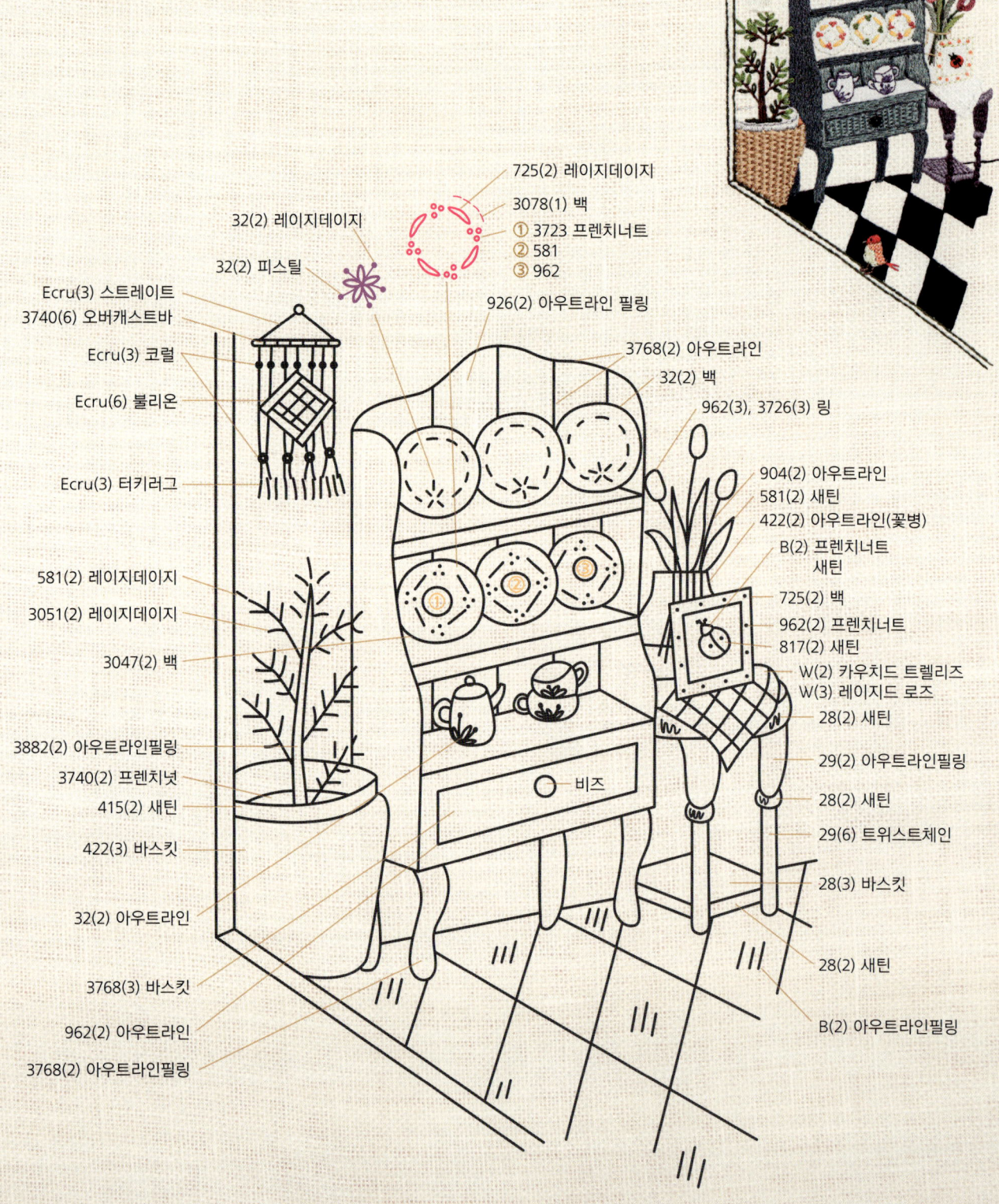

725(2) 레이지데이지

3078(1) 백

① 3723 프렌치너트
② 581
③ 962

32(2) 레이지데이지

32(2) 피스틸

926(2) 아우트라인 필링

Ecru(3) 스트레이트
3740(6) 오버캐스트바

3768(2) 아우트라인

32(2) 백

962(3), 3726(3) 링

Ecru(3) 코럴

Ecru(6) 불리온

904(2) 아우트라인
581(2) 새틴
422(2) 아우트라인(꽃병)

Ecru(3) 터키러그

B(2) 프렌치너트
새틴

581(2) 레이지데이지

725(2) 백

3051(2) 레이지데이지

962(2) 프렌치너트
817(2) 새틴

3047(2) 백

W(2) 카우치드 트렐리즈
W(3) 레이지드 로즈

28(2) 새틴

3882(2) 아우트라인필링

29(2) 아우트라인필링

3740(2) 프렌치넛

415(2) 새틴

28(2) 새틴

422(3) 바스킷

29(6) 트위스트체인

32(2) 아우트라인

비즈

28(3) 바스킷

3768(3) 바스킷

28(2) 새틴

962(2) 아우트라인

B(2) 아우트라인필링

3768(2) 아우트라인필링

Overcast bar
오버캐스트바

Bar 모양을 위해 직선에 실을 감는 스티치입니다.

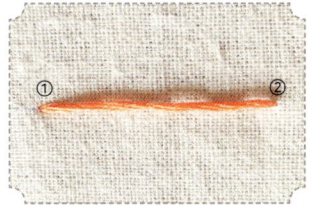   

01 _ ①에서 바늘을 올려 ②에 직선으로 꽂습니다.

02 _ 다시 ①로 올립니다.

03 _ 다시 ②로 꽂습니다. 반복하여 3개선을 만듭니다.

04 _ ③으로 실을 올립니다.

05 _ 위에서 아래로 가로실을 감습니다.

06 _ 느슨해지지 않게 천천히 감아나갑니다.

07 _ 겹치지 않게 곱게 감아나가야 합니다.

08 _ 끝까지 감고 ④에 꽂아 마무리합니다.

롤롤쌤의 TIP

일자 모양이 될 수 있도록 자연스러운 힘 조절이 필요합니다.

Couched trellis
카우치드트렐리스

선으로 면을 채울 때나 무늬를 만들 때 사용합니다.

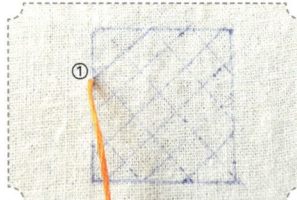

01 _ ①로 바늘을 올립니다.

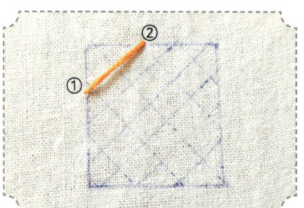

02 _ 사선으로 ②로 꽂습니다.

03 _ 같은 방법으로 완성합니다.

04 _ 격자가 되게 다른 방향에서 ③ 에서 ④로 선을 만듭니다.

05 _ 같은 방법으로 완성합니다.

06 _ 다른 실을 이용하여 두 선이 교차되는 부분 사이 ⑤로 바늘을 올립니다.

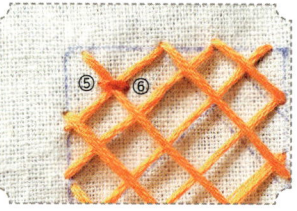

07 _ 교차 부분을 ⑤에서 ⑥으로 넣어 고정합니다.

08 _ 같은 방법으로 X 분의 교차점은 다 고정해줍니다.

09 _ 완성

클로샘의 TIP

넓은 면적을 카우치드트렐리스 할 때는 + 모양
좁은 면적을 카우치드트렐리스 할 때는 - 모양을 사용합니다.

Coral

코럴

실 위에 매듭이 만들어지는 형태로, 오른쪽에서 왼쪽으로 수를 놓습니다.

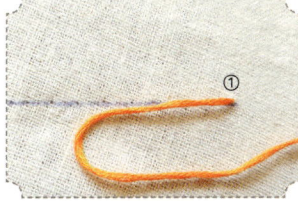

01 _ ①로 바늘을 올린 후 왼쪽으로 실을 ㄷ자로 놓습니다.

02 _ ②에서 ③으로 한 땀을 뜬 후 놓여진 실 위로 바늘을 뺍니다.

03 _ 매듭을 볼륨있게 왼쪽으로 당깁니다.

04 _ 같은 방법으로 매듭을 만듭니다.

05 _ 매듭과 매듭은 7mm 정도 간격으로 만듭니다.

06 _ ④에 꽂아 마무리합니다.

룰루쌤의 TIP

곡선 부분에선 매듭의 간격이 넓으면 각이 생깁니다.
그 부분에선 조금 좁혀서
매듭을 유지하면서 자연스럽게 수놓습니다.

Ring
링

실을 여러 번 감아 링을 만들고 위와 아래를 고정하여 입체감 있게 표현할 수 있습니다.

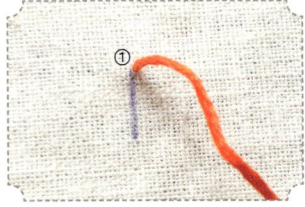

01 _ 도안선 ①로 바늘을 올립니다.

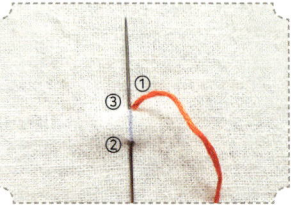

02 _ ②와 ③으로 바늘을 걸쳐둡니다.

03 _ 바늘 뒤로 실을 돌려 세 번 감아줍니다.

04 _ 바늘을 위로 빼주어 늘어진 ⓐ가 당겨지지 않게 조금 남깁니다.

05 _ 뺀 바늘은 고리 뒤로 넘겨 고정합니다.

06 _ ④로 바늘을 올립니다.

07 _ 남겨진 @고리를 걸며 바늘을 뺍니다.

08 _ 뺀 바늘은 ④에 고정하며 완성합니다.

Twist chain
트위스트체인

기본 체인 스치티를 변형한 스티치로서 더욱 입체감 있는 표현이 가능합니다.

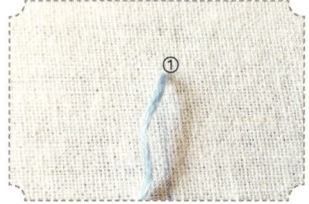

01 _ ①로 바늘을 올립니다.

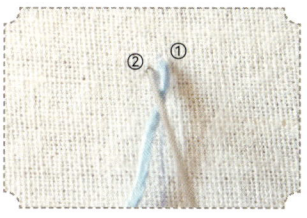

02 _ 바늘과 실을 교차하여 놓고 바늘을 왼쪽 ②로 꽂습니다.

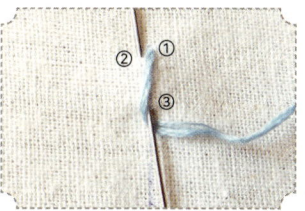

03 _ ③으로 바늘을 뺍니다.

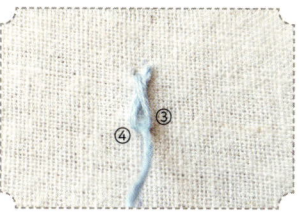

04 _ 꼬인 모양의 ③의 왼쪽 ④로 바늘을 넣어 반복합니다.

05 _ 꼬아진 모양이 이어지게 만듭니다.

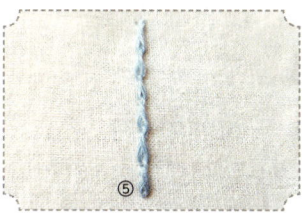

06 _ ⑤로 꽂아 길쭉한 모양이 되도록 마무리합니다.

롤롤쌤의 TIP

트위스트체인의 크기를 일정하게 합니다.

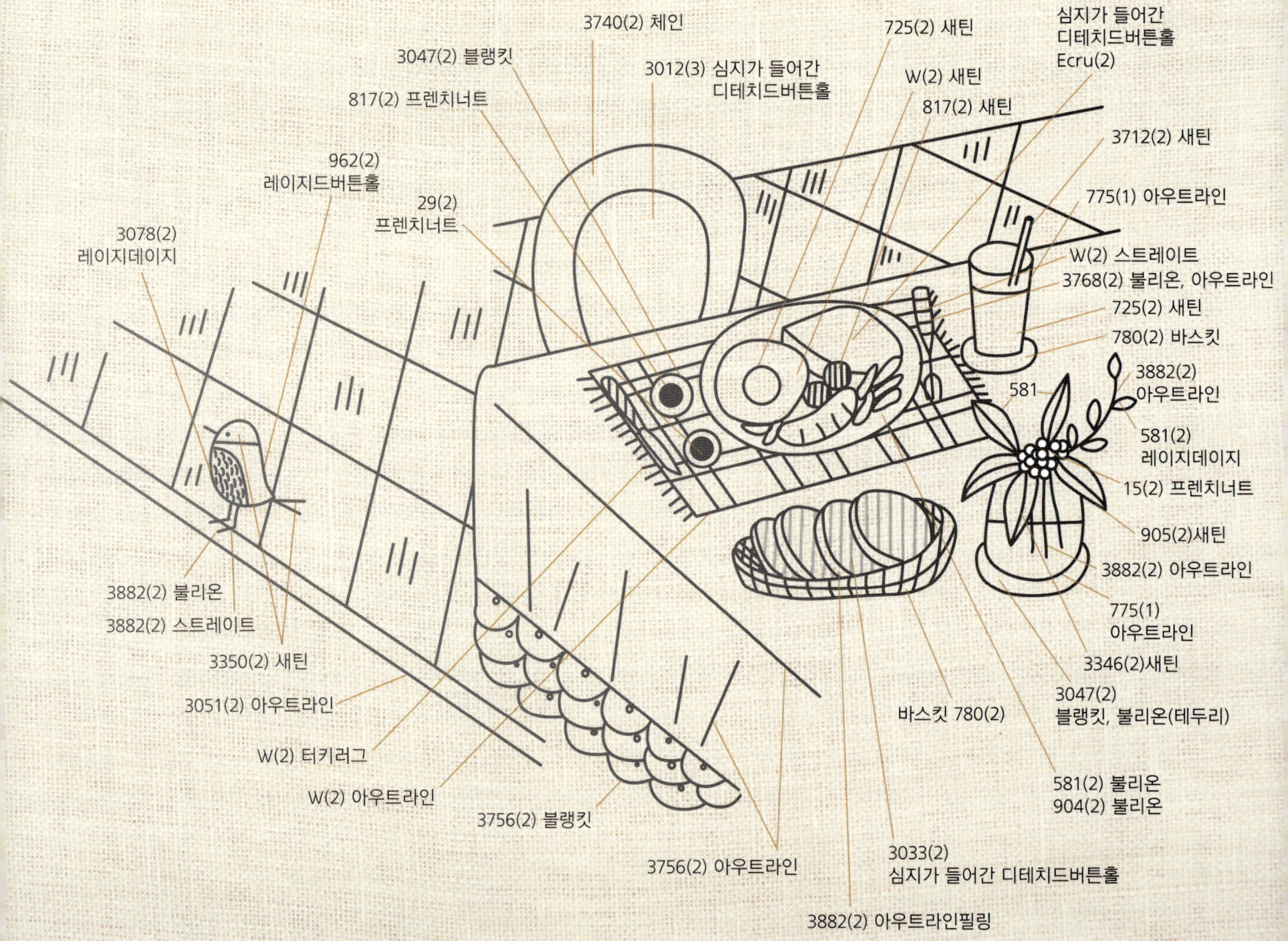

3740(2) 체인

3047(2) 블랭킷

817(2) 프렌치너트

725(2) 새틴

3012(3) 심지가 들어간
디테치드버튼홀

W(2) 새틴

817(2) 새틴

심지가 들어간
디테치드버튼홀
Ecru(2)

3712(2) 새틴

775(1) 아우트라인

W(2) 스트레이트

3768(2) 불리온, 아우트라인

725(2) 새틴

780(2) 바스킷

962(2)
레이지드버튼홀

29(2)
프렌치너트

3078(2)
레이지데이지

581

3882(2)
아우트라인

581(2)
레이지데이지

15(2) 프렌치너트

905(2)새틴

3882(2) 아우트라인

775(1)
아우트라인

3346(2)새틴

3047(2)
블랭킷, 불리온(테두리)

581(2) 불리온
904(2) 불리온

바스킷 780(2)

3882(2) 불리온

3882(2) 스트레이트

3350(2) 새틴

3051(2) 아우트라인

W(2) 터키러그

W(2) 아우트라인

3756(2) 블랭킷

3756(2) 아우트라인

3033(2)
심지가 들어간 디테치드버튼홀

3882(2) 아우트라인필링

Corted buttonhole
심지가 들어간 디테치드버튼홀

중간에 실(심지)이 있어 함께 버튼홀 스티치를 해서 그물 모양을 만들 수 있습니다.

01 _ 먼저 백스티치로 테두리를 수놓고, ①에서 바늘을 올립니다.

02 _ 위에서 아래로 바늘을 통과시켜(버튼홀) 고리를 하나 만듭니다.

03 _ 한 줄 완성 후 오른쪽 ②번 땀으로 바늘을 통과시킵니다.

04 _ 완전히 바늘을 뺍니다.

05 _ ③번 땀으로 바늘을 통과시켜 왼쪽 ④로 뺍니다.

06 _ 완전히 빼고 나면 가로 심지가 생깁니다.

07 _ 맨 처음 고리를 심지와 함께 통과시켜 살짝 당겨 빼줍니다.

08 _ 같은 방법으로 고리를 다 만든 후 ③으로 바늘을 내보냅니다.

09 _ 5~8의 과정을 반복하여 마지막 단까지 만들어 줍니다.

10 _ 마지막 줄은 윗 고리와 아래 땀을 함께 통과시킵니다.

11 _ 통과시킨 후 아래 땀으로 당겨 붙입니다.

12 _ 같은 방법으로 고리를 모두 완성 합니다.

버튼홀 스티치(고리)를 너무 당기면 양 옆에 선이 생깁니다.
조금 느슨하게 버튼홀 스티치를 하여 고리가 당기지 않게 합니다.

버튼홀 하는 법

Turkey rug
터키러그

촘촘하게 높이가 있는 고리를 만든 후, 자르고 다듬어서 털 모양을 만듭니다.

01 _ 겉에서 ①로 바늘을 넣습니다.

02 _ ②로 바늘을 올립니다.

03 _ ③으로 넣어 한 땀 만들어주고, ④로 다시 올립니다.

04 _ ④에서 ⑤로 넣어 고리를 만듭니다. (고리 길이는 길게 합니다.)

05 _ ⑥에서 ⑦로 한 땀 만듭니다.

06 _ 이 땀은 고리 끝을 막아주는 모양이 됩니다.

07 _ 반복적으로 수를 놓아 한 줄 길게 만듭니다.

08 _ 가위로 고리 가운데를 잘라줍니다.

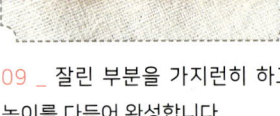

09 _ 잘린 부분을 가지런히 하고 높이를 다듬어 완성합니다.

롤롤쌤의 TIP

고리가 너무 넓게 벌어지지 않게 수를 놓고,
일정한 높이로 다듬습니다.

Raised buttonhole
레이지드버튼홀

직선을 나열하고 맨 위의 선부터 고리를 만들어가며 선 아래까지 완성하고, 다시 맨 위로 와서 반복하며 면을 채워주는 스티치입니다.

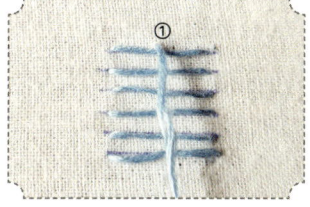

01 _ 가로 줄을 나열한 후 첫줄 맨 위 가운데 ①로 바늘을 올립니다.

02 _ 첫번째 줄을 위에서 아래로 통과시킵니다.

03 _ 첫 줄에 걸리게 당겨줍니다. (버튼홀)

04 _ 두번째 줄도 같은 방법으로 버튼홀 합니다.

05 _ 살짝 당기는 느낌으로 합니다.

06 _ 마지막 줄은 아래로 고정하여 한 줄 완성합니다.

07 _ 다시 첫 줄 맨 위로 올려서 시작 합니다.

08 _ 촘촘히 두번째 세로줄을 완성 합니다.

09 _ 중심에서 오른쪽으로 채우고 중심에서 왼쪽으로 촘촘히 채워 완성 합니다.

룰룰쌤의 TIP

가로선의 양 끝 쪽이 보이지 않게 버튼홀을 꽉 차게 채워 완성합니다.

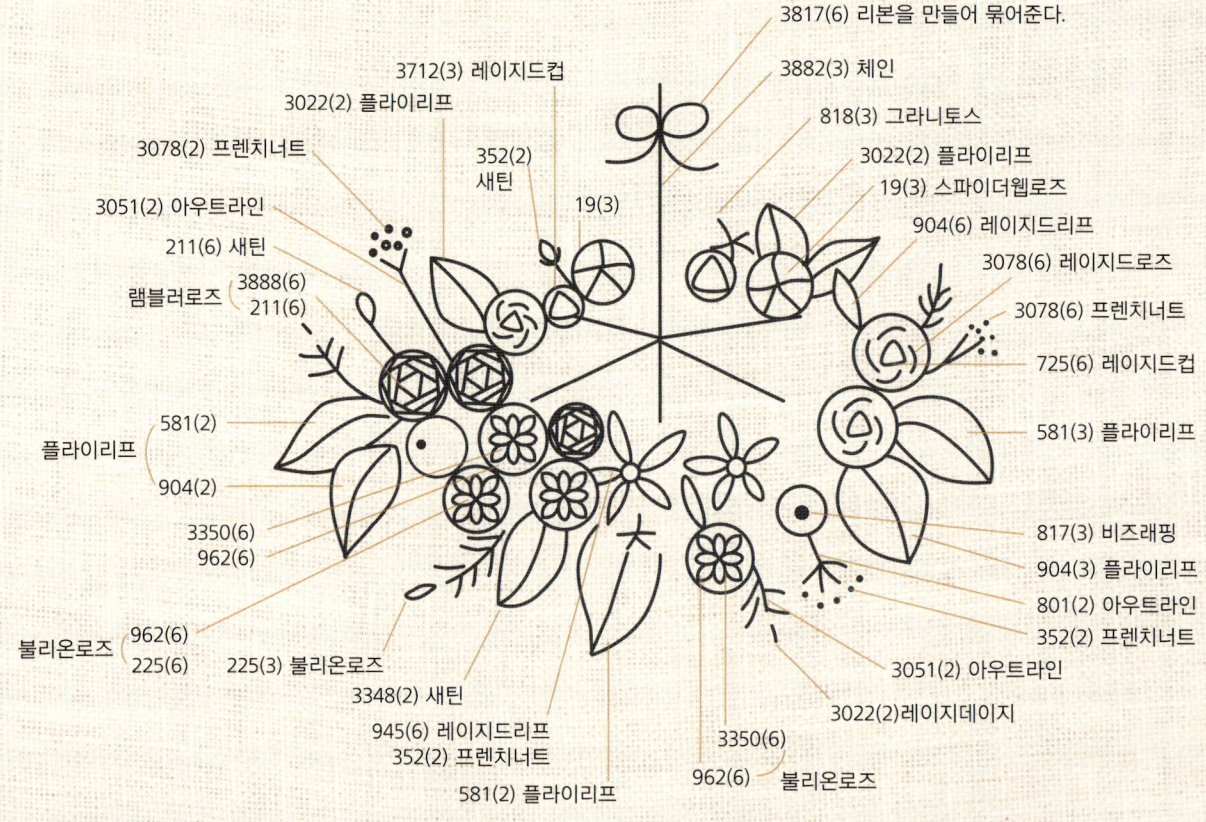

3817(6) 리본을 만들어 묶어준다.

3882(3) 체인

818(3) 그라니토스

3022(2) 플라이리프

19(3) 스파이더웹로즈

904(6) 레이지드리프

3078(6) 레이지드로즈

3078(6) 프렌치너트

725(6) 레이지드컵

581(3) 플라이리프

817(3) 비즈래핑

904(3) 플라이리프

801(2) 아우트라인

352(2) 프렌치너트

3051(2) 아우트라인

3022(2)레이지데이지

3712(3) 레이지드컵

3022(2) 플라이리프

3078(2) 프렌치너트

3051(2) 아우트라인

211(6) 새틴

램블러로즈

3888(6)
211(6)

352(2)
새틴

19(3)

581(2)

플라이리프

904(2)

3350(6)
962(6)

불리온로즈   962(6)
225(6)   225(3) 불리온로즈

3348(2) 새틴

945(6) 레이지드리프
352(2) 프렌치너트

581(2) 플라이리프

3350(6)
962(6)   불리온로즈

 삼각형-삼각형-육각형-육각형 모양

리본을 묶는 법은 6겹을 실에 끼워 체인을 통과시킨 후 바늘을 빼고 실끼리 묶어서 리본을 만듭니다.

Rambler rose
렘블러로즈

덩쿨장미란 뜻의 렘블러로즈는 중심에서부터 나선형으로 땀 수를 늘리며 수놓습니다.

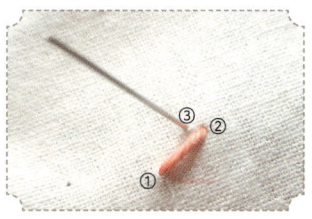

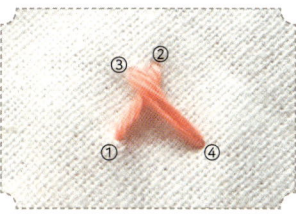

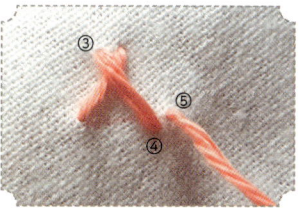

01 _ 삼각형 도안에 ①로 바늘을 올립니다.

02 _ 꼭지점 ②로 바늘을 꽂아 선을 만들고 ③으로 바늘을 올립니다.

03 _ ②와 ③이 조금 겹치게 ④로 꽂습니다.

04 _ ⑤로 바늘을 올립니다.

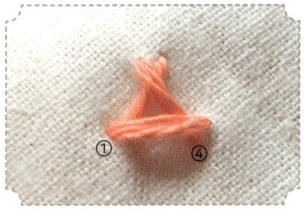

05 _ 첫번째 삼각형이 완성됩니다.

06 _ 두번째 삼각형은 첫번째 삼각형의 꼭지점을 겹치며 만듭니다.

07 _ 두번째 삼각형 안으로 작은 삼각형이 보여야 됩니다.

08 _ 세번째는 안의 삼각형이 보이게 육각형을 만듭니다.

09 _ 육각형의 꼭지점이 겹치게 두번째 육각형을 만들어 완성합니다.

TIP

삼각형-삼각형-육각형-육각형 순서로 렘블러로즈를 만듭니다.

Raised cup
레이지드컵

삼각형의 수를 놓고 각각의 선에 실을 감아 동그란 모양을 만들어 꽃술이나 꽃봉오리를 표현합니다.

01 _ 삼각형을 겹치지 않게 수놓습니다.

02 _ 삼각형 안쪽 ①에서 바늘을 올립니다.

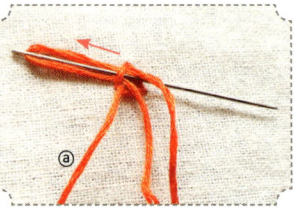

03 _ 나온 실(ⓐ)을 아래로 두고 바늘을 왼쪽 선 안에서 밖으로 걸칩니다.

04 _ 나온 실(ⓐ)로 바늘을 앞에서 뒤로 감아줍니다.

05 _ 고리를 1개 완성합니다.

06 _ 두번째 고리를 만듭니다. 한 줄에 고리 2개씩 만듭니다.

07 _ 세번째 고리는 옆 선에 이어서 두개씩 만듭니다.

08 _ 총 6개의 고리를 만듭니다.

09 _ 마지막 실은 첫번째 고리에 끼워 동그랗게 모양을 이어줍니다.

10 _ 바늘을 원단 아래로 꽂아 완성합니다.

롤롤샘의 TIP

실 감는 방향을 정확히 합니다. 바늘귀 뒤를 이용하여 실 사이로 바늘이 지나가지 않도록 합니다.

Bullion rose
불리온로즈

정사각형의 선을 그리고 여러 번 감아가며 풍성하게 수놓을 수 있습니다.

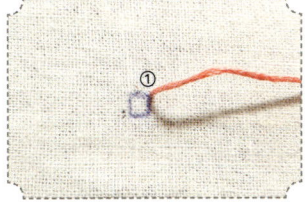

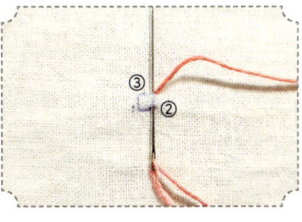

01 _ 3mm 정사각형을 그려서 ①로 바늘을 올립니다.

02 _ ②로 바늘을 넣고 ③으로 빼면서 바늘을 걸쳐둡니다.

03 _ 바늘에 실을 왼쪽 방향으로 12회 감습니다.

04 _ 바늘을 위로 빼서 동그랗게 모양을 만듭니다.

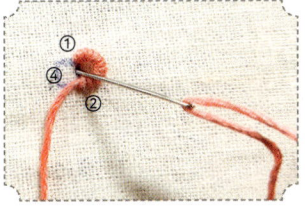

05 _ ①과 ②의 가운데 ④로 바늘을 꽂아 하나의 모양을 완성합니다.

06 _ 네군데에 같은 모양을 만들어가며 완성합니다.

롤롤쌤의 TIP
불리온 모양을 일정하게 만들고 가운데 동그란 모양이 생기도록 수놓습니다. 횟수를 많이 감을수록 바늘이 잘 안 빠지는데, 바늘을 살살 돌리면 쉽게 빠집니다.

Beads wrapping
비즈래핑

구슬에 색실을 감아 열매를 표현할 수 있습니다.

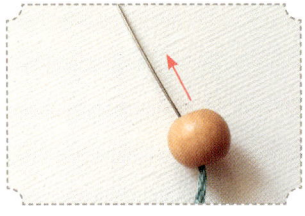

01 _ 세겹 실을 매듭 없이 바늘에 끼워 아래에서 위로 통과시키며 5cm 정도 남깁니다.

02 _ 위로 뺀 바늘을 다시 아래에서 위로 감습니다.

03 _ 감긴 실을 잘 정리하며 감습니다.

04 _ 나무가 보이지 않게 촘촘하게 감아줍니다.

05 _ 다 감아준 후 아래로 실을 모아 줍니다.

06 _ 길이를 5cm 정도로 잘라 완성합니다.

Note

음식이 있고 가족이 모이는 즐거운 주방, 창틀에 앉은 새 한마리가 따뜻함을 더해줍니다.
먼저 그릇장을 아웃트라인필링으로 수놓아주고, 다이아몬드 모양 바닥을 채웁니다.
식탁 위 음식들도 섬세하게 표현합니다.

의자

의자 안쪽의 디테치드버튼홀을 먼저 시작합니다.
백 스티치로 테두리를 둘러주고 화살표 방향으로 고리를 만들어갑니다.
느슨하지 않게 실을 살짝 당기면서 완성합니다.
의자 테두리는 체인으로 감싸듯이 둘러줍니다.

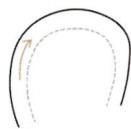

달걀

달걀 프라이를 수놓을 때는 노른색 부분부터 시작합니다.
입체감을 주기 위해 새틴을 두 번 합니다.
가로로 한 번, 그 위에 세로 방향으로 한 번 더 해줍니다.
너무 당기지 말고 조절해서 수놓아야 합니다.

포크와 나이프

손잡이 부분은 볼록하게 직선 불리온으로 수놓은 후
밝은 색으로 중간중간 카우칭합니다.

꽃리스

평면 스티치를 먼저 합니다.
불리온로즈는 정사각 모양의 도안에 맞추어 4개의 곡선 불리온으로 수놓습니다.
길쭉한 곡선 모양은 바늘에 실을 12~15회 감아 조심스럽게 완성합니다.
4개의 불리온을 완성한 후, 풍성한 꽃을 표현하기 위해 꽃 주변을 횟수를 더해가며
불리온 모양을 만듭니다.
구슬은 실 3겹으로 촘촘히 감아서 2~3개 정도 만듭니다.
입체 꽃 완성 후 빈자리에 넣어 달아줍니다.

My Bathroom

My Bathroom

210x260mm / 원단_리넨20수

DMC
22
25
28
29
225
318
353
415
436
452
522
581
604
612
725
738
739
775
818
819
840
904
931
962
3031
3078
3328
3346
3348
3728
3747
3768
3768
3770
3802
3809
금색

Anchor
215

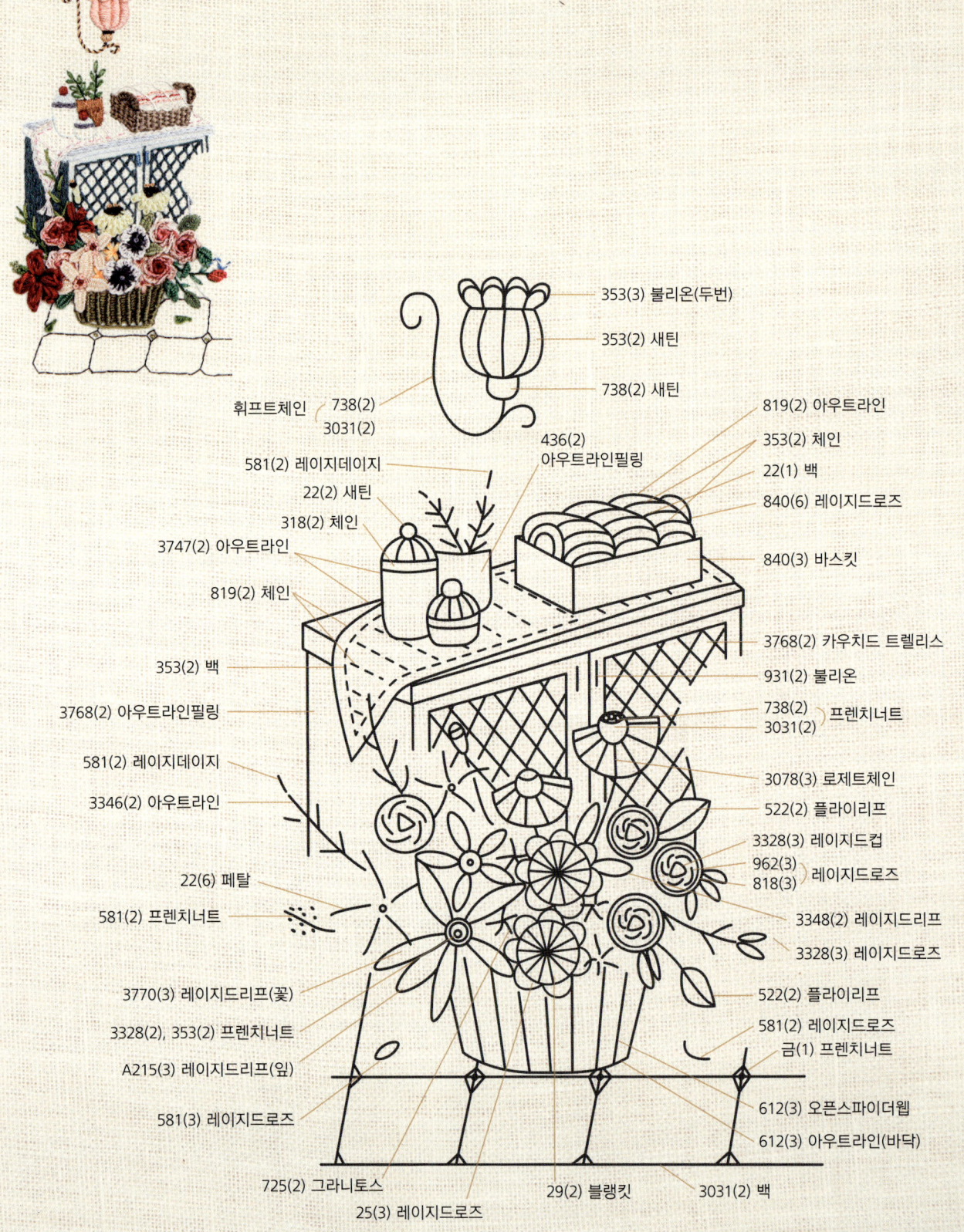

353(3) 불리온(두번)

353(2) 새틴

738(2) 새틴

휘프트체인　738(2)
　　　　　　 3031(2)

819(2) 아우트라인

353(2) 체인

22(1) 백

840(6) 레이지드로즈

840(3) 바스킷

436(2) 아우트라인필링

581(2) 레이지데이지

22(2) 새틴

318(2) 체인

3747(2) 아우트라인

819(2) 체인

353(2) 백

3768(2) 아우트라인필링

3768(2) 카우치드 트렐리스

931(2) 불리온

738(2)
3031(2) 프렌치너트

3078(3) 로제트체인

522(2) 플라이리프

3328(3) 레이지드컵

962(3)
818(3) 레이지드로즈

3348(2) 레이지드리프

3328(3) 레이지드로즈

522(2) 플라이리프

581(2) 레이지드로즈

금(1) 프렌치너트

612(3) 오픈스파이더웹

612(3) 아우트라인(바닥)

581(2) 레이지데이지

3346(2) 아우트라인

22(6) 페탈

581(2) 프렌치너트

3770(3) 레이지드리프(꽃)

3328(2), 353(2) 프렌치너트

A215(3) 레이지드리프(잎)

581(3) 레이지드로즈

725(2) 그라니토스

25(3) 레이지드로즈

29(2) 블랭킷

3031(2) 백

Tassel
태슬

실을 감아 묶음을 만들고, 아래쪽을 잘라 태슬 장식을 만듭니다.

01 _ 포크를 준비합니다.

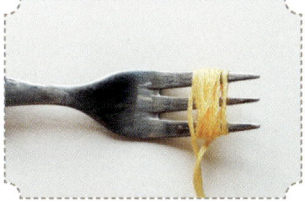

02 _ 준비한 실을 포크에 필요한 양 만큼 감아주고 자릅니다.

03 _ 다른 실로 포크의 홈 부분을 이용하여 여러 번 감습니다.

04 _ 실을 포크에서 분리하고 묶습 니다.

05 _ 바늘을 이용하여 양끝 실을 고 리로 교차합니다.

06 _ 양쪽 끝으로 실이 놓인 모양

07 _ 위쪽으로 서로 묶어 완성합니다.

롤롤쌤의 TIP

사진 04에 실을 통과할 때 모양이 당겨지지 않게 해야 풍성한 모양으로 완성됩니다.

Rosette chain

로제트체인

트위스트체인 스티치의 변형으로 좀 더 다채로운 표현을 할 때 좋습니다.

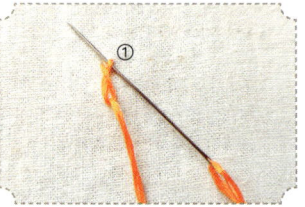

01 _ ①로 바늘을 올리고 ②와 ③으로 한 번에 통과합니다. (실은 왼쪽)

02 _ ③으로 바늘을 올리면 트위스트체인 모양이 됩니다.

03 _ ①번 실 밑으로 바늘을 통과시킵니다.

04 _ 살짝 당겨 모양을 잡습니다.

05 _ ④로 꽂아 완성합니다.

Petal
페탈

레이지데이지에 고리를 만들고 걸어서 풍성한 꽃을 만듭니다.

01 _ 가운데서 바늘을 올려 레이지
데이지 스티치를 해줍니다.

02 _ 실을 위로 두고 바늘귀로 레이
지데이지 선 밑으로 통과시킵니다.

03 _ 작은 고리가 만들어집니다.

04 _ 같은 방법으로 3개 만듭니다.
(비슷한 크기로)

05 _ 맨 위의 고리를 그림 방향으로
끼워둡니다.

06 _ 두번째, 세번째도 같은 모양으
로 바늘에 끼웁니다. (차례로)

07 _ 고리에 끼운 바늘에 실을 한
번 감습니다.

08 _ 왼쪽으로 바늘을 뺀 후 살짝
당기면 페탈 모양이 완성됩니다.

09 _ 실을 느슨하게 해서 페탈 스티치
뒤쪽 아래로 바늘을 꽂아 완성합니다.

10 _ 모양이 당겨지지 않게 꽂은 후
입체 페탈을 만듭니다.

꼬불쌤의 TIP
레이지데이지는 도안 선의 반 정도 크기로 합니다.
페탈 뒤로 바늘을 꽂을 때 당겨지지 않게 꽂습니다.

Open spider web
오픈스파이더웹

간격을 두고 선을 수놓은 후 하나씩 감아서 완성해 나가는 스티치입니다.

01 _ 세로로 선을 수놓습니다.

02 _ ①로 바늘을 올립니다.

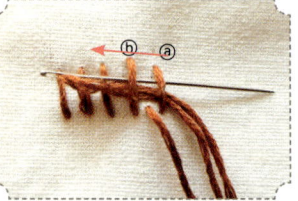

03 _ ⓐ와 ⓑ를 같이 통과시킵니다.

04 _ ⓐ선에 감깁니다.

05 _ ⓑ와 ⓒ를 같이 통과시킵니다.

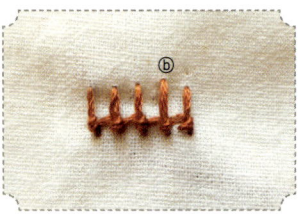

06 _ ⓑ선에 감깁니다. 같은 방법으로 각각의 선을 감습니다.

07 _ 두번째 단도 같은 방법으로 만들어갑니다.

08 _ 굵기를 일정하게 촘촘히 완성 합니다.

82

739(3) 불리온

3031(3) 불리온

738(3) 카우칭

3031(3) 스트레이트
(2) 프렌치너트

(2) 카우칭

840(2) 스트레이트

840(2) 아우트라인필링

452(2) 아우트라인필링

3031(1) 아우트라인

581(2), 3346(2) 피스틸

3346

437(2) 롱앤숏

436(2)
롱앤숏

840(2) 아우트라인

318(2) 아우트라인필링

불리온

3348(2)
레이지
데이지

581, 904(2) 피스틸

터키러그

840(2) 아우트라인필링

3809(1) 스트레이트

3031(2) 체인

436(2) 롱앤숏

3031(1) 아우트라인

레이지드컵 3328(3)
레이지드로즈 818(3)
레이지드로즈 A215(3)

415(2) 아우트라인필링

437(2) 롱앤숏

3348(2) 스트레이트

775(1) 아우트라인

581(2) 스트레이트

415(2) 아우트라인

22(2) 새틴

22(2) 새틴

904(2) 스트레이트

3809(2) 아우트라인필링

3809(1) 백

B(1) 프렌치너트

28(2) 레이지데이지

775(2) 아우트라인필링

725(2) 새턴

931(6) 오이스터

3809(3)

터키러그   775(3)

헤링본 3747(2)

휘프트헤링본
감는실 931(2)

3802(1) 백

3031 백(2)

3031(1)
아우트라인

3802(2) 새틴

금(1) 프렌치너트

604(2) 바스킷

436(1) 체인   353(3) 루프트블랭킷   22(1) 백   28(2) 새틴   318(2) 새틴   225(2) 터키러그

Oyster
오이스터

트위스트체인과 로제트체인을 연속으로 놓아가는 변형된 스티치로, 여러 개를 모아 꽃으로 표현할 수 있습니다.

01 _ ①로 올려 ②, ③으로 꽂습니다.

02 _ 트위스트체인이 만들어집니다.

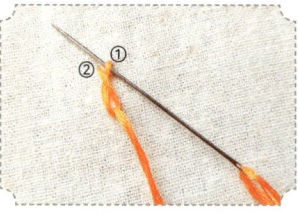

03 _ ①번 선 아래로 바늘을 통과시킵니다.

04 _ 로제트체인 모양이 만들어집니다.

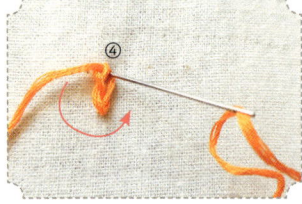

05 _ 실을 아래로 두고 ①번 실 오른쪽 사이 ④에 바늘을 꽂습니다.

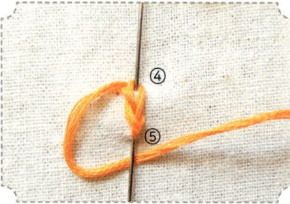

06 _ ④에 꽂은 바늘을 트위스트체인 아래 ⑤ 부분으로 뺍니다. (아래 실 위)

07 _ ⑤로 뺀 바늘을 고리 넘어 ⑥으로 고정시켜 마무리합니다.

룰룰쌤의 TIP

사진 04에서 실을 통과할 때 모양이 당겨지지 않게 해야 풍성한 모양으로 완성됩니다.

Whipped herringbone
휘프트헤링본

헤링본을 수놓고 다른 색 실로 X 모양을 감아가며 완성합니다.

01 _ 헤링본을 완성합니다.

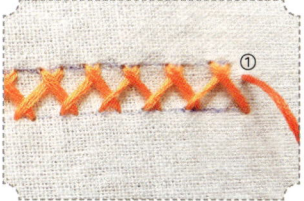

02 _ ①로 바늘을 올립니다.

03 _ 헤링본 오른쪽 첫번째 선을 한바퀴 감습니다.

04 _ 위쪽 X 부분을 왼쪽으로 감습 니다.

05 _ 아래쪽 X를 감습니다.

06 _ 위아래를 반복하며 순서대로 X를 감습니다.

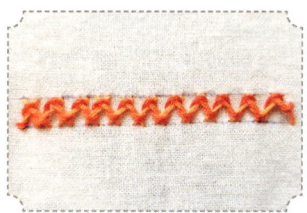

07 _ 휘프트헤링본이 완성됩니다.

롤롤쌤의 TIP

헤링본을 일정하게 해야 감기는 간격도 일정합니다.

Looped blanket
루프트블랭킷

직선에 고리(루프)를 겹쳐가며 수놓는 방법입니다.

01 _ ①로 바늘을 올립니다.

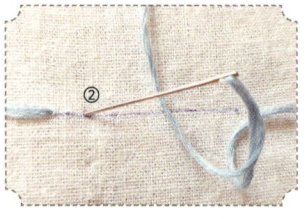

02 _ ②로 꽂습니다.(폭은 5mm를 넘지 않게)

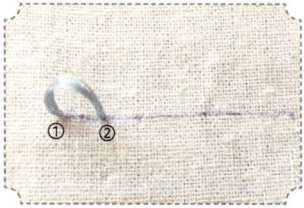

03 _ 볼륨을 주며 ② 아래로 당깁니다.

04 _ ②에 가깝게 ③으로 올려 ④로 꽂으며 크기를 맞춥니다.

05 _ 스티치를 도안선에 맞춰서 완성합니다.

TIP
고리의 높이를 높게 하면 풍성한 꽃 모양을,
낮게 하면 단아한 꽃 모양을 만들 수 있습니다.

Note

따뜻한 물로 하루의 피로를 풀어주는 욕실입니다.
마크라메 화분걸이는 안에 있는 식물을 먼저 촘촘하게 수놓습니다.
욕조와 가구를 수놓은 다음 꽃바구니 속 입체꽃을 채웁니다.

수건

욕조를 아웃라인으로 수놓은 뒤 터키러그 스티치로 걸쳐진 수건을 만듭니다.
이 때 터키러그 스티치는 가로방향으로 수를 놓고,
스티치 높이를 7mm 정도를 유지합니다. 완성 후 길이를 다듬어 정리합니다.
중간에 색을 바꾸어 가며 다양한 느낌으로 표현할 수 있습니다.

러너

테두리는 체인으로 가늘게 둘러 수놓고 한쪽 끝에 작은 태슬을 달아줍니다.

꽃등

꽃등 부분은 세로로 나누어진 부분을 새틴으로 촘촘히 채워줍니다.
가로 모양으로 새틴을 하면 구분선을 따로 하지 않아도 되고
꽃등 모양도 곡선으로 볼륨감이 있어 보입니다.

바구니 손잡이

바구니를 바스킷 스티치로 수놓은 뒤 양 끝 쪽에 길게 선을 만들어 레이지드로즈를 수놓습니다.
레이지드로즈는 입체 손잡이 표현법으로 사용하기도 합니다.

꽃바구니

오픈스파이더웹 스티치를 한 방향에서 감아 결을 같게 합니다.
결이 같아야 바구니가 곱게 표현됩니다.

꽃

블랭킷 스티치로 꽃을 수놓을 때는 좁게, 또는 넓게 수를 놓을 수가 있는데,
지금처럼 겉에 꽃잎이 있는 경우 촘촘하게 수놓아야 예쁩니다.
페탈 스티치는 6겹으로 느슨하게 수놓아 풍성하게 만듭니다.
마무리는 뒤 안쪽으로 꽂으며 많이 당기지 않게 합니다.
큰 꽃들을 먼저 만들고 작은 꽃을 해줍니다.
기초에서 배운 그라니토스 스티치는 작은 꽃으로 스티치 사이사이 빈 공간을 채우기에 좋습니다.

Simple Making

봄 스트링파우치

725(2) 레이지데이지
745(2) 새틴
801(2) 아우트라인
817(2) 프렌치너트
3348(2) 레이지데이지
3051

커피 한 잔 티매트

798(2) 체인

아우트라인(2)

3882(2) 새틴

레이지데이지

3882(3) 불리온
738(2) 스트레이트

927(2) 프렌치너트

장미 파우치

레이지데이지(2)

3031(2) 아우트라인

351, 402, 945(6)
불리온(4회, 8회, 9회 감기)

3346(2) 플라이리프

꽃과욕실 액자

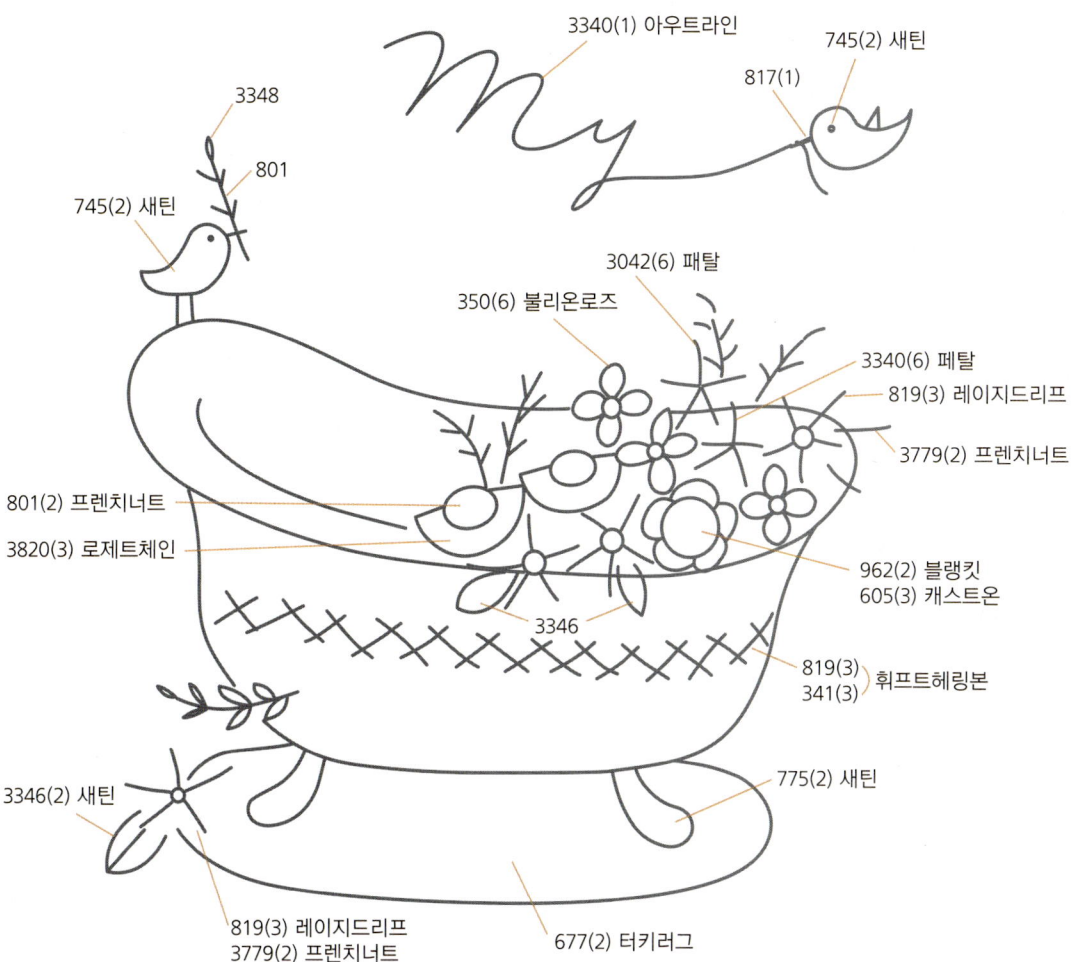

3340(1) 아우트라인

745(2) 새틴

817(1)

3348

801

745(2) 새틴

3042(6) 패탈

350(6) 불리온로즈

3340(6) 페탈

819(3) 레이지드리프

3779(2) 프렌치너트

801(2) 프렌치너트

3820(3) 로제트체인

962(2) 블랭킷
605(3) 캐스트온

3346

819(3)
341(3) 휘프트헤링본

3346(2) 새틴

775(2) 새틴

819(3) 레이지드리프
3779(2) 프렌치너트

677(2) 터키러그

고양이산책 가방

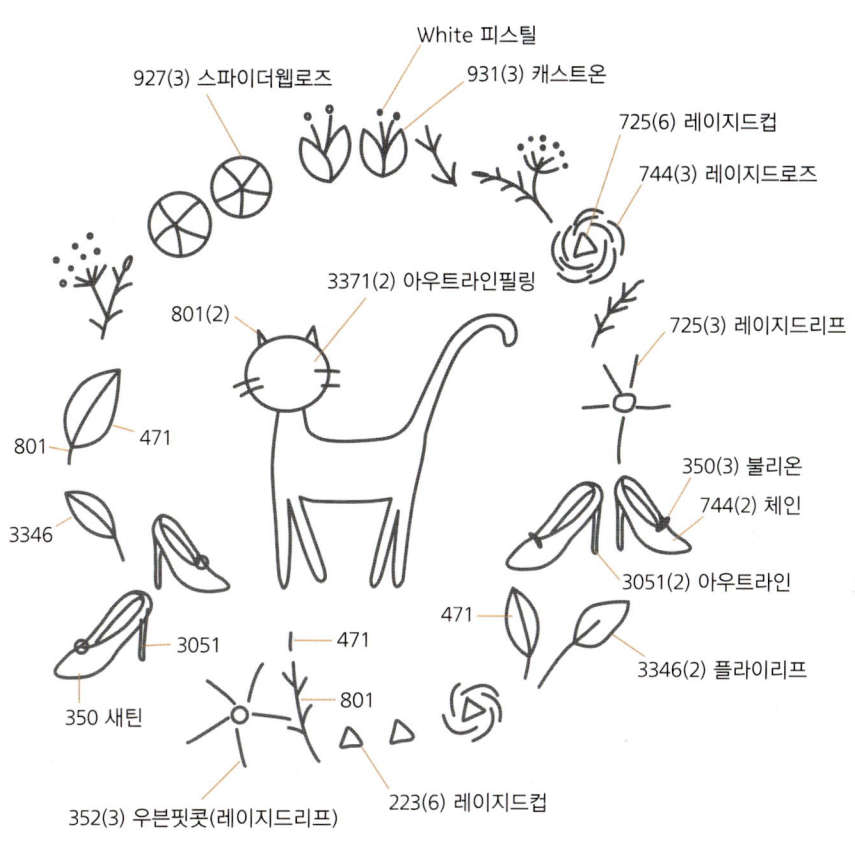

White 피스틸

927(3) 스파이더웹로즈

931(3) 캐스트온

725(6) 레이지드컵

744(3) 레이지드로즈

3371(2) 아우트라인필링

801(2)

725(3) 레이지드리프

801

471

350(3) 불리온

744(2) 체인

3346

3051(2) 아우트라인

471

3051

471

3346(2) 플라이리프

350 새틴

801

352(3) 우븐핏콧(레이지드리프)

223(6) 레이지드컵

My Garden

My Room

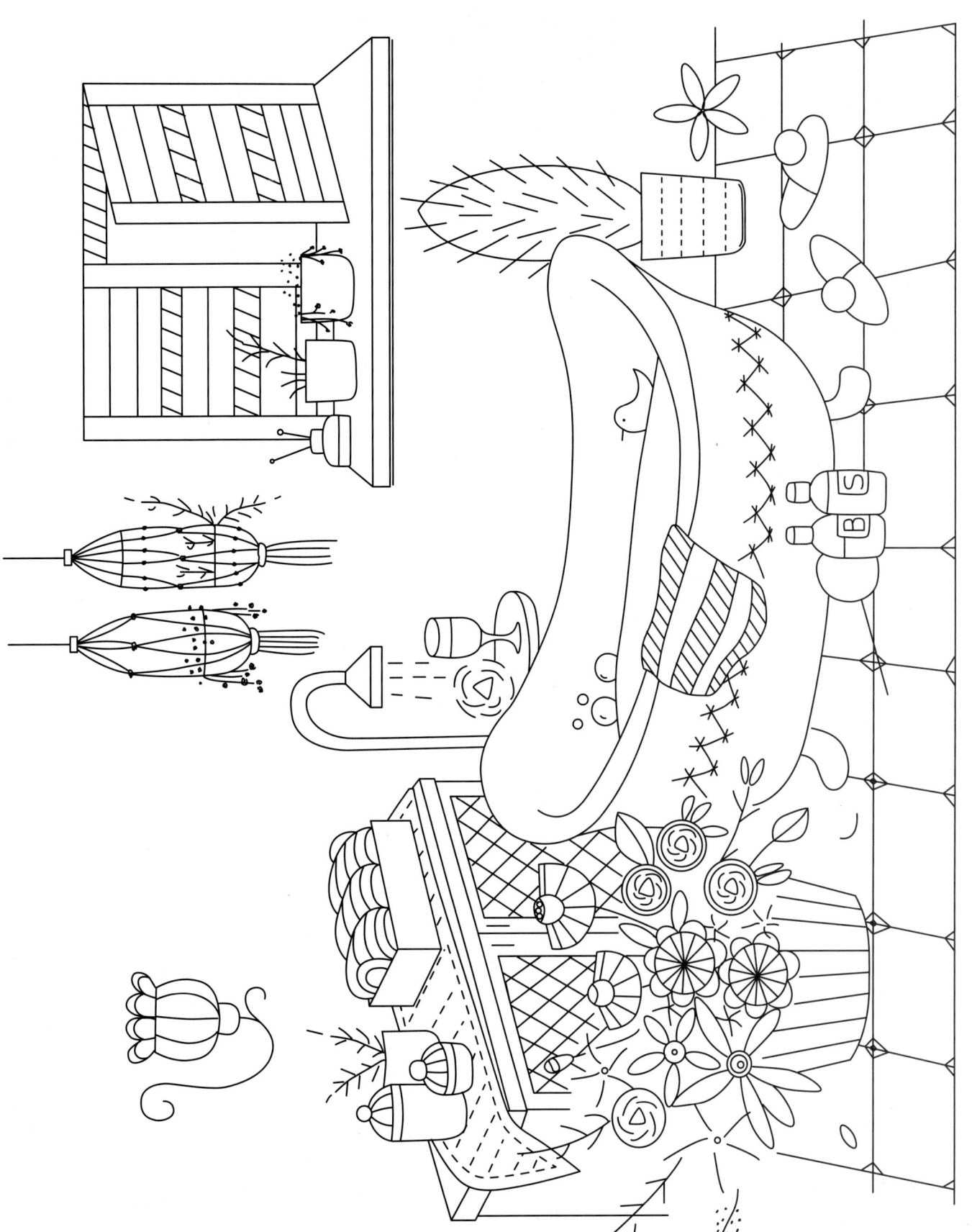